集英社新書ノンフィクション

羽生結弦を生んだ男
都築章一郎の道程

宇都宮

Utsunomiya Naok

都築章一郎（つづき・しょういちろう）

1938年愛知県生まれ。日本大学卒業。卒業後は指導者となり、1964年日本フィギュアスケーティングインストラクター協会に参画。佐野稔をはじめ多数の選手を育成した。また、ソビエト社会主義共和国連邦（ソ連。当時）より有力コーチを招聘し、日本フィギュア界の発展に貢献。1987年より14年間、日本フィギュアスケーティングインストラクター協会理事長を務め、指導者資格認定制度を確立。1991年より4年間、日本オリンピック委員会（JOC）主任強化コーチ。オリンピック二連覇の羽生結弦を小学2年より高校生時代にかけて指導。

目次

序章

エドゥアルド・アクショーノフは語る

車は、モスクワの中心地から南へ向かって走っている。レーニンスキー大通りに入り、ガガーリン広場までまっすぐ走る。

「レーニンスキー」は、古い道路だ。建設が始まったのは一八世紀で、一九四〇年代まで続いた。今の名前になったのは一九五七年である。

道路沿いには、ロシアを代表するいくつかの建物、建造物が建っている。巨大なガガーリン像がそうだし、ロシア科学アカデミー（ロシア最高学術機関。連邦全土の学術研究機関を包括している。前身は一七二四年設立のサンクトペテルブルグ帝国科学芸術アカデミー）もそうだ。

車は軽快に走り続ける。運転手は出発するとき、

「渋滞がなければ、四〇分くらいで着くと思う」

と言っていた。言葉通り、四五分で目的地に到着する。

国営スポーツ教育センター「サンボ70」。ロシア全土で、最大の総合スポーツ教育施設だ。ロシア全土七〇以上の都市に「地方支部」を持っている。

建立は一九七〇年で、敷地面積は一万二〇〇〇平方メートル。現在二六種類の種目の一万六〇〇〇人を超える選手たちが練習に励んでいる。スケートリンクは、二つある。リン

モスクワから車で40分ほどの郊外にあるスケートリンク「フルスタリヌイ」。取材当日はオフシーズンだったため、生徒は少なかった。地下にはトレーニング施設が完備されている。

クサイズは「三〇メートル×六〇メートル」で、国際規格を満たしている。

むろん、他にも、いろいろ揃（そろ）っている。前後が鏡張りになったバレエ室や柔軟体操などを行う部屋、かなり広いトレーニングジムもある。

また、それぞれの部屋には、最高の指導者がいる。

ジムには、ありとあらゆるマシンが揃っている。スケーターだけでなく、ボディビルダーだって、筋力トレーニングができるだろう。

そこは黒を基調としていて、マシンの冷たさと相まって硬質だ。

その中に、赤や紫、黄、白、深緑、黄緑、青、金色がささやかに混じっている。マットやバランスボールやロープや、ウエイトとして。

リンクそばの小ぶりな部屋には、医師も常駐している。文句のつけようがない。万全のサポート体制がここには、ある。

実際、サンボ70はタレントの宝庫だ。選（え）りすぐりの選手ばかりが、いる。

フィギュアスケート女子シングルの聖地と呼んでもいいだろう。オリンピックや世界選手権のメダリストを輩出し続けている。

近年で言えば、二〇一八年韓国、平昌（ピョンチャン）オリンピック女子シングル金メダリスト、アリーナ・ザギトワ（二〇〇二年生まれ）、銀メダリスト、エフゲニア・メドベージェワ（一九九九年生まれ）がいる。

四回転ジャンプを数種類跳ぶことのできる、最強の若手選手もいる。

二〇一八年、二〇一九年世界ジュニア選手権女子シングル金メダリスト、アレクサンドラ・トルソワ（二〇〇四年生まれ）や、アンナ・シェルバコワ（二〇〇四年生まれ）らがそうである。

彼女たちは、次々と四回転ジャンプに挑戦し、いともたやすく（傍目（はため）には、そう見える）習得していく。

とくに、トルソワとシェルバコワは、四回転ルッツから連続ジャンプを跳ぶ。息を呑（の）むくらい高難度の技だ。もっと言えば、四回転ルッツ自体が非常に難しい。男子でも、跳べる選手は一握りだ。

大胆で、冒険的な取り組みを「無鉄砲」と批判する人だって、いる。「危険だ」と心配する人もいる。

でも、試合でそれらの「意見」は、まったく意味をなさない。実際に勝つのは、彼女たちなのだ。

どうして、彼女たちは強く、しなやかで、美しいのか。なぜ、才能は引き継がれ、開花し続けるのか。

その理由が知りたくて、私はサンボ70へ来た。総務担当副部長（教頭）、エドゥアルド・アクショーノフ氏（一九七三年生まれ）に話を聞くことになっている。一五時の約束だ。

サンボ70の入り口にはセキュリティゲートが設けられている。あまり厳重なものではない。

ガードマンが、いるにはいる。でも、ちょうど外に出て行くところで、すれ違ったが何も言われなかった。受付の女性も同じで、「アクショーノフ氏と約束がある」と話すと、すぐに通してくれた。

受付に続く広い空間には、いくつかのテーブルと椅子、ソファが置かれている。左側には、スナック菓子や飲み物の自販機があり、右側には軽食が買える売店があった。

壁には、大きめのテレビが掛けられている。映っているのは、アメリカのアニメーション「トムとジェリー」で、見ているのは練習を終えた女の子たちだ。皆、髪をお団子に結っている。小学校低学年くらいだろうか。もっと幼いかもしれない。ときおり、「きゃきゃきゃ」と愛らしい声で、笑う。どこか長閑（のどか）な光景だ。

保護者と一緒にお弁当を食べている少女のそばには、ガラス製の飾り棚が二台並んでいる。

ガラスの棚には、トロフィーが詰まっていた。誰が獲得したものかはわからない。ただ、中段の真ん中に、アリーナ・ザギトワの人形が立っていた。

人形は平昌のフリープログラム「ドン・キホーテ」の衣装を着ている。赤い豪華なチュチュだ。スケート靴を履き、首に金メダルを掛けて、赤い花束も持っている。そして、その足元には、ふわふわの小さな「マサル」がいる。

マサルは日本から贈られた秋田犬（雌）で、ザギトワが「私の支え」と呼ぶ愛犬だ。誰かの手作りなのだろうか。羊毛フェルトでできている。

しばらくすると、アクショーノフが現れる。事前に「七分、遅れます」と連絡があった。

几帳面な人だ。案内された部屋も、とてもきれいだった。整っている。

彼はサンボ70の前身「第三七番青少年スポーツ学校」（二〇〇三年建立）で、校長を務めていた。二〇一三年にサンボ70として統合されるまでの約一〇年間だ。当時、モスクワでいちばん若い「校長」だった。

第三七番青少年スポーツ学校は、著しい成果を上げていて、高い評価も受けていた。二〇一四年ソチオリンピック団体金メダリスト、ユリア・リプニツカヤ（女子シングル五位、一九九八年生まれ）らがいた。当然、彼女を指導するエテリ・トゥトベリーゼコーチ（一九七四年生まれ）もである。

先に言っておくと、トゥトベリーゼは、とんでもなく優れている。女子シングルのコーチとしては、世界でいちばんだ。天才だと思う。

だから、この学校をサンボ70に統合することには反対の声もあった。

たとえば、世界的な重鎮であるタチアナ・タラソワコーチ（一九四七年生まれ）は、タス通信のインタビューで、痛烈に批判している。曰く、

「素晴らしいフィギュアスケート学校を作りあげ、素晴らしいコーチ陣を集めたアクショ

ーノフ氏が、なぜ『教頭』に格下げになるのか。結果を出している第三七番青少年スポーツ学校が、なぜ『サンボ70の一部門』に格下げになるのか。理解不能だ」

ただ、アクショーノフ自身は、この件には触れなかった。サンボ70が二六種類のスポーツ種目を網羅した、非常に大きな組織であること。自分がそこで総務の担当をしていることを、短く語った。

彼ははじめ、表情が硬かった。時間が経（た）つにつれ、どんどん柔らかくなっていった。何度も、笑った。

「サンボ70には『フルスタリヌイ（クリスタル）』と『ヤンタリ（琥珀（こはく））』と呼ばれるリンクがあります。

当初はペアにも取り組んでいましたが、徐々にシングルに掛かる比重が大きくなり、現在は、シングルとダンスだけになっています」

「生徒で、いちばんのおちびちゃんは四歳です。四歳の子たちに関しては希望者を三〇人募ります。その中でさらに優秀な子たちを選び、スタートするんです」

「もう少し年齢が上で、トゥトベリーゼコーチが指導する『エテリ組』に直接入ってくるような子たちは、ある一定レベルに達していないとだめということになります」

一定のレベルというのは、具体的には決まっていない。トゥトベリーゼの判断がすべてだ。そして、その判断は信じがたいほど確かなのだ。結果が証明している。

「仰る通り、エテリ先生には特別な『見抜く力』があります。普通なら見逃してしまうようなことも、彼女の基準には引っかかる。地方から来て、まだろくに滑れないような子でも、引き受けることがあります。で、その子が結果を出すという……」

遠くから出てきた少女。それなら、何人か知っている。アリーナ・ザギトワも、その一人だ。

ザギトワは、ウドムルト共和国の首都イジェフスクの出身である。モスクワからは一二○○キロ離れている。

フィギュアスケートの有力なコーチはおらず、趣味の域を出ないスケートが、当時の彼女の精一杯だった。

一二歳のとき、ザギトワは、母とともにサンボ70に足を運ぶ。自分のスケートを見てもらうためだ。

トゥトベリーゼは、一度では判断をしなかった。すなわち、認めなかった。だが、ザギトワも諦めない。ふたたび、片道一二〇〇キロの旅をする。そして、ようやく念願の「エテリ組」の一員になった。

アクショーノフは話す。

「アリーナは良いところも多かったけれど、欠点もありました。事実、エテリ先生は一度、彼女を除名にしています。ここで練習を始めて、しばらく経った頃でした。

先生の目には、アリーナが一生懸命であるようには見えなかった。才能だけでは、足りないんです。ものすごい努力がいる。それを選手は、真に理解していなければなりません」

つまり、ここにいるエテリ組の選手は皆、才能があり、ものすごく練習をするということですね。

「はい、その通りです」

と彼は答え、続ける。

「エテリ先生はもちろん、子どもたちを怒ったり、叱ったりします。ただ、どんな場合でも、常に公正です。

だから、子どもたちは『なぜ、叱られているか』を正しく理解します。同時に、『どこを直さなければいけないのか』も理解するんです」

エテリ組の厳しさは有名である。「苛烈」と言われている。子どもたちは泣いていると も聞く。当然、批判はある。

ただ、アクショーノフによれば、リンクに緊張はない。快適で、良好な関係が保たれている。ジョークもあれば、笑みもある。そう話す。

「たしかに、妥協を許さないところはありますが、至って普通のことです。

エテリ組に入る子どもたちは、入った時点で『何のためにここに来ているのか』を十分に認識しています。最大限の努力をしなければならないこともわかっています。

エテリ組に入った以上、一定のレベルが求められる。そのレベルよりも、絶対に後退してはいけない。それが、子どもたちの意識なんです」

双方、きわめてプロフェッショナルな姿勢である。子どもたちが泣くのは、思うようにならない悔しさからか。笑みが生じるのは、達成感からか。

何にしろ、オリンピックを目指すような選手に、泣かない子はいない。自らに怒り、責め、落胆し、疲れ果て、泣く。そういう場面を、これまで何度も見た。是非はともかく、そのくらいでなければ、夢は追えまい。


エテリ・トゥトベリーゼは、二〇〇八年に第八番青少年スポーツ学校から移ってきた。彼女を第三七番青少年スポーツ学校に呼んだのは、アクショーノフである。

「二〇〇三年に、学校が建った時点で声を掛けました。最初からです。

エテリ先生はずっと考えていらした。決意されたのは、フィギュアスケートに特化した土壌ができ上がったからです。

子どもたち、コーチにとって、すごく良いトレーニング環境が整った。そう判断した上での移籍でした」

トゥトベリーゼは、一人では来なかった。実力のある「子どもたち」を連れてきた。前出のユリア・リプニツカヤしかり。まだ幼かったエフゲニア・メドベージェワしかり。

すなわち、そこから躍進が始まった。サンボ70での彼女の足跡は、成功そのものだ。エテリ組は、二つのグループからなっている。人数は、だいたい二五人から三〇人。きっちり数を言えないのは、出入りがあるからだ。

これもだいたいになるが、一つのグループに一七人か一八人いて、もう一つに一二人から一三人の選手がいる。

グループは年齢ではなく、レベルで分けられる。ただ、このレベル分けも流動的だ。試合の近い子が下から上がってきたり、試合のない子が下がったりする。

上下の判断は、トゥトベリーゼとアシスタントコーチで行う。セルゲイ・デュダコフ（一九七〇年生まれ）とダニイル・グレイヘンガウス（一九九一年生まれ）の二人だ。

練習は、一週間に六日。一日に二回、朝夜の一時間二五分ずつをリンク練習に費やす。

「一日の流れとしては、午前一〇時二五分くらいからフロアでバレエや筋力トレーニングをやり、一一時半くらいからリンク練習。そのあとに、休憩が一三時から一五時まで入ります。

一五時半から五〇分くらい柔軟をし、準備を整え、一六時半から夜のトレーニングに入るといった感じです」

バレエも筋力トレーニングも柔軟も、氷上練習も入れ替え制だ。第一グループが練習を終えた一〇分後に、第二グループがリンクに上がる。すべての練習でこれを繰り返す。

氷上練習は、見る者の目を引くとアクショーノフは言う。そこには、偉業に挑戦する少女たちがいる。

「想像をはるかに超える光景です。たとえば、トルソワやシェルバコワが四回転を跳べるようになったら、カミラ・ワリエワ（二〇〇六年生まれ）やアリョーナ・カニシェワ（二〇〇五年生まれ）も、跳べるようになる。

互いに刺激を与え合って、上に引っ張り合っている過程を見るのは、本当に興味深いですよ。子どもたちは頑張っている自分を、エテリ先生に見てもらいたい、認めてもらいたい。褒めてもらいたい。

それには、非常にたくさんのことをやらなければならないのです」

トゥトベリーゼは何一つ見逃さない。「無視してよい些細（ささい）なことなどない」。それが、スタンスだ。

だから、間違いがあれば、どんなに小さなことであっても、その場で修正される。技術的、表現的にはもちろん、外見的なことも例外ではない。

徹底した修正を、子どもたちは歓迎している。彼女らは何より、フィギュアスケートが上手くなりたいのだ。美しくなりたいのだ。熱い思いが、あるいは強い上昇志向が、そこに存在する。

私は訊ねる。エテリ組の少女たち、三〇人の関係はどうか。激しい競い合いの中、摩擦は生まれないのか。

アクショーノフはちょっと笑って、言った。

「まあ、基本は仲良しです。ただ、今で言えばみんな『アリーナになりたい』と思っているでしょうね」

それは、そうに決まっている。ザギトワはオリンピックの金メダリストであり、世界チャンピオンである。憧れない選手はいないだろう。サンボ70のような環境なら、とくに。

「エテリ組には、いつもリーダーがいます。『こういうふうになりたい』と目指す対象、後続を引き上げる選手が、です。

たとえば、イリーナ・カプスチナ（一九九一年生まれ）がいました。次にポリーナ・シェレペン（一九九五年生まれ）がいて、リプニツカヤがいた。

それからメドベージェワがいて、そのあとにはザギトワがいて。で、ザギトワのあとにはトルソワやシェルバコワ、アリョーナ・コストルナヤ（二〇〇三年生まれ）がいる。

ですから、『大きな成果を上げている目指すべき対象』が、いつもそばにいるわけです。子どもたちは、リーダーと同じようになりたくて頑張るのです。

新しい世代も、すでに出てきていますよ。ワリエワとかカニシェワとかがそうです」

当たり前のように並べられる名前がすごくて、すぐには言葉がつながらない。

しかも、「すでに出てきている」ワリエワは、練習で連続ジャンプを成功させている。四回転トゥループから三回転トゥループという、高難度の技だ。男子でも、難しい。

これが、ロシア女子シングルの現在である。サンボ70の、エテリ組の底力である。率直に言えば、「選りすぐりの子」が多すぎる。ダイヤモンドで、いっぱいだ。

「それは、エテリ先生が上手なだけだと思いますよ。彼女が、ダイヤモンドを『作って』いくんです。

ザギトワはその最たる存在です。次の象徴的存在が、トルソワとシェルバコワ。要するに四回転を複数跳んでいる二人ということになります」

では、今後も彼女たちは勝ち続けるのか。オリンピックで、世界選手権で、表彰台のいちばん高いところに立つのか。

アクショーノフは、とても感じよく笑った。短く、答える。

「そうなればと、期待しています」

表情から伝わるのは、「期待」のような淡さではなかった。誇りを感じる。つまり、彼は自信があるのだ。

第一章
都築章一郎は語る

横浜市神奈川区にある横浜銀行アイスアリーナ（愛称。以下、アイスアリーナ）に来ている。JRの東神奈川駅から徒歩五分のところにある。利用券は貸し靴つきで大人が一九〇〇円、子どもは一四〇〇円だ。一般利用は一〇時から一八時半までで、年中無休となっている。

アイスアリーナは、正式には神奈川スケートリンクと言う。一九五一年創業のスケートリンクはいかにも古く、二〇一四年六月からリニューアル工事を行った。リニューアルオープンは二〇一五年一二月である。

訪ねたのは、一九時半に近かった。

メインリンクを整氷車がゆっくり走っている。荒れて傷だらけだった氷が整えられていく。リンクサイドには、子どもたちが、ずらりと並んでいる。

そのうち、光るように白い氷ができ上がる。待ち構えていた子どもたちは、リンクへ出てウオーミングアップを始める。平日夜の練習が始まった。

都築章一郎は、すーっと滑って行き、リンクの右端あたりに陣取った。

ベージュの帽子をかぶり、同系色の厚手のダウンコートを着ている。防寒のためにそうしているのだけれど、けっこうおしゃれだった。季節が冬ならば、そのまま街にも出られると思う。

　普段の都築には、柔らかな印象がある。いつも穏やかだし、丁寧な言葉遣いをする。声は大きくない。小声で話す。聞き取れなくて、確認しなければならないときもある。

　だが、指導をしているときは違う。大声だ。六〇×三〇のメインリンクに響き渡る。とても、八〇代の声とは思えない。びっくりする。

「ほら、頑張れ」

「もっと腰を低く」

　子どもたちは、一六人いる。いちばん小さい子が八歳で、いちばん上は一七歳。このクラスでは皆、選手になるのを、あるいはトップ選手になるのを目指している。

　レベルには明らかに差がある。ジャンプで言えば、トリプルアクセルの練習をしている女の子がいる。トリプルを、回れない選手もいる。つまり、ばらばらなのだ。指導は難しいだろう。

　でも、都築はこうした難しい状況から、何人もの名選手を生み出してきた。八一歳になった今でも、そうだ。

練習の終わりに、都築はいかにも嬉しそうに言った。

「青木は良かったと思います。トリプルアクセルを、きれいに回っていました。四回転ルッツも練習させようと思っていたのですが、今日はちょっと……。

ただ、もうそんな段階に来ています。普段は、四回転も練習しています。まあ、あの、天才ですからね。

『オリンピック出場』が青木の夢です。そうなってもらいたいという願望を、私も強く持っています」

青木祐奈は二〇〇二年生まれの一七歳、笑顔の愛らしい選手だ。難易度の高いトリプルルッツ、トリプルループのコンビネーションジャンプを跳ぶことができる。

スケートを始めたのは五歳で、六歳から都築に師事している。青木は、話す。

「小さい頃、リンクの隅でスピンの練習をしていたら、先生が声を掛けてくれたんです。基本もわかっていない状態で、ぜんぜん上手じゃなかったんですけど、一から教えてくださって」

そのときリンクにいたのは、青木一人ではない。だが、都築は見逃さなかった。

青木は感覚的にずば抜けていた。

「初めて出会ったときから、この子をオリンピックにと思っておりました。その可能性のある選手に成長させたい、というのが私の夢でありました」

いくつかの「もし」をクリアしなければならないが、夢は叶(かな)うかもしれない。

もし、試合にトリプルアクセルが入れば。もし、四回転のルッツが間に合えば。もちろん、演技は常にノーミスでなければならない。ショートプログラムもフリースケーティングでも、である。

女子シングルのオリンピック代表になりたければ、取り立てて厳しい条件ではないだろう。それくらい、現在の日本の選手層は厚いのだ。

でも、都築章一郎は何かを諦めるような指導者ではない。タフな男だ。経験も、十分にある。夢だって、何度も叶えてきた。

過去、こんなことがあった。

当時、八歳だった少年に、都築は声を掛ける。

「オリンピックへ行こうね」

言葉はすぐに変わった。

「オリンピックで頑張ろうね」

少年の名前は、羽生結弦（はにゅうゆづる）と言った。まだ、満足にジャンプを跳べなかった。にこにこ笑いながら、都築の周りをぐるぐる回っていた。

都築と幼い羽生を別にすれば、誰もオリンピックへ行けるとは思っていなかった。だけど、それは一〇年後に現実となる。

二〇一四年ロシア、ソチオリンピック。少年はそこで、金メダリストになった。まるで、物語のようではないか。ちょっと、できすぎの。

さまざまな理由でそのとき、二人の道は分かれていた。それでも、都築は「羽生の金メダル」を人生最大の喜びとした。羽生も、そうだ。都築への感謝を忘れなかった。

「私の教えていた子どもが、『オリンピックで頑張ろうね』を合言葉にしていた子どもが金メダルを獲（と）ってくれた。

フィギュアスケートに関わる人間として、これ以上の喜びはありません。これまでのスケート人生でいちばんのことでした。

ソチの祝勝会で、私は言いました。

『結弦、ありがとう。先生はこれが欲しかったんだよ。コーチとして、オリンピックのメダルがいちばん欲しかった。それを結弦が獲ってくれた。とても嬉しい。感謝する』

結弦は『そんなに喜んでいただけるんですか』と言っておりましたが、大いに喜ばしいことでした。

結弦のような存在と巡り会えて幸せだと思っています。本当に、私は幸せ者です」

都築の歩みは、日本フィギュアスケート史と切っても切れない。濃密に関わっている。

巻末の「主な教え子たち」をご覧いただきたい。都築が育成した選手たちである。著名な名前が並んでいる。現在は、指導者として活躍している者も少なくない。

都築は、徹底して異端の道を歩いた。

賛同者は数えるほどしかいなかった。経済的な負担は大きかった。私財をなげうって、それに耐えた。得たものは、惜しみなく分け与えた。見返りは求めなかった。

孤独を感じたことはある。だけど、苦しくはなかった。持てる限りの情熱を注いだ。フイギュアスケートを、とにかく愛した。

その謹厳実直な人生を、追いかけようと思う。都築はだいぶ苦労をしている。自身はほとんど口にしないが、話は聞いている。

たとえば、ソ連初のアイスダンスチャンピオンで、名伯楽として知られるヴィクトル・ルイシキン（一九三七年生まれ）から。彼はすごく大きな声で、言った。

「都築さんは、とても一生懸命だったけれど、助けてくれる人はいませんでした。日本の連盟は知らん顔をしていました。口を出すと、自分たちでやらなければならなくなりますからね」

誰にでも言えることだが、苦労をひっくるめて人生だ。だが、都築のような人間はなかなかいない。

彼は、フィギュアスケートがなければ生きられなかったのだ。

都築章一郎は一九三八年、愛知県に生まれた。長男だ。五人の弟と妹が一人いる。フィギュアスケートは費用のかさむ競技だが、裕福な家庭に育ったわけではない。

「本来なら、スケートのできる環境ではありませんでした。まったく違いました。自分が好きだったというだけで、完全な雑草育ちです」

そう言って、都築は小さく笑った。

彼がフィギュアスケートを始めたのは、高校に入ってからだ。

「きっかけは、遊びで滑って、やみつきになったという……。そんな理由です。

今は三歳から始めて、一〇代半ばには結果を出すような時代になっていますが、当時は高校生から始めても早いくらい。ぜんぜん背景が違っていました」

日本でフィギュアスケートが「正規に研究」されるのは、一九一三年頃に、アメリカから持ち込まれた関連書籍が始まりである。

このときに初めて、フィギュアスケートの性質や組織、欧米の事情が「おぼろげながら」わかるようになったとされている。ただし、それらはきわめて限られた知識であり、一般に知られるようになるまでには、長く時を待たなければならなかった。

都築が「やみつき」になっていた頃も、そうだ。まだまだ、時を待っていた。

愛知県スケート連盟は、日本スケート連盟（一九二九年設立）に一九四八年に加盟している。だが、当初はリンクを持たず、練習には湖が凍結するのを待って、という厳しい状況にあった。

「私が始めた時分には、人工のスケート場はわずかしかありませんでした。全国的に見ても、大変少なかった。

名古屋で言えば、今池というところに、小さい（正規サイズの半分ほど）のがあって、それから大須というところにスケート場ができて……。

ただ、専門のコーチはいませんでした。皆無です。満州（中国東北部の旧称）から帰国された小塚光彦（みつひこ）さん（一九一六〜二〇一一年。二〇一〇年バンクーバーオリンピック八位小塚崇彦（たかひこ）の祖父）らが、愛好者の指導というか、面倒を見ていらした。

山田満知子先生（一九四三年生まれ。伊藤みどり、浅田真央（まお）らを育てた指導者）のお父さまもいらしてました。小さい満知子先生を連れて。

その時分に始めた子どもが名古屋の根っこです。だいたい高校一年か、二年という感じでした」

都築をはじめ「愛好者」たちは、周りにいる「上手な人」を真似（まね）た。上手な人も、たいして上手くはなかったのだけれど、他にどうしようもなかった。

テレビもビデオもない時代だ。できたことと言えば、海外から持ち込まれた指導書を和訳するか、スライドを見るしかなかった。つまり、指導のノウハウを誰も知らなかったのである。

「マイシューズというのもありませんから、貸し靴でね。一時間単位で借りるんですが、けっこう高かった。その費用を捻出するのもなかなか大変だったと記憶しています」

貸し靴の値段を都築は覚えていない。でも、「国産品でレベルの低いもの」だったのは、覚えている。

コリオグラファー（振付師）もいなかったから、自分で振り付けをした。曲は「第三の男」（アントン・カラス作曲）、イギリス映画のテーマ曲だった。

不都合や不便は、常に身近にあった。だけど、それらを都築が気にすることはなかった。

「人間って不思議なもので、好きになって、目標が生まれればほかのことは何でも良くなってしまうんですよ。

才能云々（うんぬん）の話ではないです。ぜんぜん違います。強くなりたいという欲望、フィギュアスケートが好きだという情熱があってこそだったと、自分では思っています」

その情熱に、都築は突き動かされる。高校卒業後は、スケートの名門校、日本大学（法学部新聞学科）に進学した。

「日大のスケート部監督が声を掛けてくださったんです。『フィギュアスケートの選手を育てて、日大の三部門優勝に貢献してもらいたい』というお話でした。

その頃、学生スポーツ選手権というものがありまして、三部門での開催でした。アイスホッケー、スピードスケート、フィギュアスケートです。

日大にはホッケーとスピードはあったのですが、フィギュアはなかった。なので、私は在学中から、選手をやりながら後輩を指導するという立場になりました」

それが、フィギュアスケートとの大きな出会いになったと都築は話す。

東京はその頃、あくまで日本の中で、ではあるが、フィギュアスケートの先端であった。多くはないがコーチもいたし、振り付けをする人間も、いた。

翻って、名古屋はどうか。都築が「長年のつきあいで、ツーカーの間柄」と言う山田満知子は、過去の取材でこう話している。

「東京六大学の学生さんが教えに来てくださったり、宝塚歌劇団のスケート部門の方が寄ってくださったり。

でも、特別なコーチという存在はありませんでした。上手な方は、みんな東京に出て行かれましたしね」

しかし、日大は、わざわざ名古屋の高校生に声を掛けた。都築が「上手」だったからだ。でなくて、どうして選手育成の依頼などするだろうか。

大学入学後、一九五八年に彼は「日本大学スケート・フィギュア部門」を新設した。部員は校内で募集した。

一九六〇年には全日本ジュニア選手権で、優勝する。そのとき使用した曲は、自らが振り付けた「第三の男」だった。プログラムを毎年変えたり、いくつも作ったりするのは近年になってからだ。

「あの頃は、ジュニアで優勝した者だけがシニアに上がれました。シニアには一〇人ほどしか選手がいませんでした。

情報が簡単に入る時代ではありませんから、海外から帰ってこられた方に教えていただくという形で、学びました。

スピンとかの技術を見せてもらい、それを真似する。大学の四年間はずっとそんな状態が続きました」

都築が僥倖とすることに、スピードスケート部の存在がある。日大のスピードは、ものすごく強かった。オリンピック選手も、たくさんいた。

そこでは、高いレベルのトレーニングが行われていた。氷上だけでなく、陸上でも積極的かつ熱心に、だ。

「かなり激しいトレーニングでした。それに、私は大いに影響を受けました。

その時分、日本のジャンプは一回転とか二回転というレベルでした。ただ、世界には三回転があるという情報は得ていました。

そうしたジャンプを跳ぶのには、まず、しっかりした身体が必要じゃないかと考えたのです。

周りで、フィギュアスケートをやっているのはお坊ちゃま、お嬢さまというか、家庭環境の良い方がほとんどでした。きついトレーニングをするなんて、想像もしないような人たちであったと思います。

ですから、私が日本で初めてです。陸上トレーニングを取り入れたのは。今は、当たり前になっていますが、昔は考えられないことでした」

このあたりから、彼の「異端」は始まっている。

スパルタな姿勢に、顔をしかめる者もいた。批判の声も上がった。曰く、「厳しすぎる。あんなことが、果たして必要なのか」。

だけど、彼は止めなかった。とことん突き詰める。それが、都築の流儀だ。

「今の人から見たら、めちゃくちゃなやり方だったと思います。まだトレーニングマシンはありませんでしたから、周りにあるものや自然環境を利用する形でやりました。

身体能力を高める手段は、いろいろあります。起伏のあるところを走るですとか、縄跳びですとか。

フィギュアスケートの場合は、まっすぐ跳び上がるというのが、ある意味、勝負の基本となります。なので、縄跳びはだいぶ跳ばせました。必須という形で。

指導方法をわかっているのではなく、『これをやった方がいいんじゃないか』という、想像から生じたもので、理論は何もない。

まあ、試行錯誤を重ねながらの身体作りです。無駄もたくさんあったと思います。非常に長い間、取り組みましたからね。

そうした中、新しいテクニックが生まれたり、子どもたちが肉体的にも人間的にも磨かれていったのではないかと、自負しております。とにかく、がむしゃらに追求してきました」

都築はどんな場面でも、がむしゃらであった。原動力は、「世界一」への願望だ。執着にも、ちょっと似ている。

日本フィギュアスケート界が低迷し、光の見えないときでさえ、彼は公言していた。

「絶対に世界一の選手を育てる」

結果が出なくても、そう言い続けた。思いの冷えることはなかった。

そして、都築は出会うのである。山梨で行っていた日大の合宿で、佐野稔(みのる)と。

一九五五年生まれの佐野は、のちに世界選手権で日本人初となるメダルを獲得する。後述するが、佐野はフリープログラムでは、三回転ジャンプを七回跳び、「世界一」になっている。

「佐野はご両親、兄と一緒に合宿に来ていました。当時、八歳くらいだったと思います。熱心で、非常に賢い子どもでした。

才能があるのが一目でわかりました。すぐに『世界と戦える』と思いました。しばらく指導をしているうちに、ご両親から『面倒を見てもらえないか』というお話がありまして、コーチを務めることになったのです」

日本大学を卒業後、都築は東武百貨店にコーチとして入社した。

「東武のリンクは、池袋にありました。そこへ佐野が来たり、週末に私が山梨に行ったり。最初は、そういう形でやっていました」

しかし、当時、東京から山梨は遠かった。片道だいたい五時間を掛けて、都築は山梨に出向いた。そういう日々が、三年ほど続いた。佐野は小学五年生になっていた。

都築は決断する。このままではいけない。難しい。自分が引き取るのだ。

「佐野との練習には無理がありました。それで、ご両親が預けてくださったのです。ただ、これは覚悟のいることでした。預けられる方もそうですが、預かる方もそうでした。なにしろ、私には選手としての実績がない。指導者としての実績もありませんでした。なのに、任せていただいた。あちらも相当な決断だったと思います」

都築は東京から転居し、川崎在住になっていた。川崎美須に入社し、静岡県と神奈川県の国体フィギュアスケート選手の集中指導も行っていた。

「当時は東京、大阪にしか指導者がいませんでしたからね。地方から要請を受けて、国体の選手を育成していたんです。二五くらいの県を回ったと記憶しています。

川崎の話ですが、野球場の下に小さなスケート場がありまして。一年ほど経つと、駅前にスイミング併用の大きなスケート場ができた。で、そこに練習場を移しました。

佐野が小学五年生から高校三年生くらいまでですから、八年ほどおりましたか。住まいはもう本当に、バラックみたいなもの。そこで佐野や佐野の兄と一緒に暮らしました。

他の方から見れば『馬鹿じゃないか』と思われるような暮らしだったと思います。でも、誰に何と思われようが、まったくかまいませんでした。

自分の『したい』と思うことをやっていただけですから。ただ夢中でした」

都築は、厳しい練習を佐野に課している。「世界一」になれる才能を託されたのだ。必ず世界一にしなければ。それが都築の覚悟であった。

彼は、佐野に対して口癖のように言うようになる。

「おまえは世界でいちばんの選手になるんだ」

当時の状況からすれば、おとぎ話のような話を、確信を持って続けた。

佐野は、気持ちの強い少年だった。都築によれば「欲望」を、ずいぶん早くから持っていた。そうでなければ、とうてい耐えられなかっただろう。

長距離を走る。縄跳びを跳ぶ。筋力トレーニングに励む。繰り返すが、それらはすべて、都築の「想像」が生み出した身体作りだった。

「佐野は、どこのどんな選手よりも練習しました。私たちのいた環境は決して恵まれていたわけではありません。

私のホームリンクは、夏はスケート場をやっていませんでした。だから、リンクを探して、どこへでも行きました。

子どもたちを車に乗せ、本当にあちこち。練習ができれば、どこだって良かったんです。

夏の間、ずっと長野に行ったきりという年もありました。

いろんなところで合宿をしつつ、目標を追う。そんな生活をしていたのは、たぶん、私だけだと思います」

そう言って、都築は穏やかに笑った。話には、ときどき重さを感じる。時代の証言に、驚かされることも少なくない。

でも、彼は終始、柔らかな話し方をした。淡々と、来し方を振り返る。そして、聞き手である私は、彼がこの競技にどれほど貢献してきたかを知るのだ。

第三章で大いに語ってもらうが、ある時期、都築の傍らには、彼が自費で招いた指導者もいた。複数のロシア人だ。

日本フィギュアスケート史の数ページは、都築が独自に描いた。

「その時分、ロシアに目を向けていた人間はいなかった。誰も関心を持たなかった。ですから、私が一人でやりました」

当時の様子は、あまり知られていない。だが、それがなければ、「今」は明白に違っていただろう。ページは、羽生結弦（一九九四年生まれ）につながっている。

話を、川崎に戻す。都築のホームリンクには、佐野の他にも錚々たる「子どもたち」がいた。

「長久保裕（一九四六年生まれ）、五十嵐文男（一九五八年生まれ）、無良隆志（一九六〇年生まれ）らが、集って来てくれました。私が地方を回って指導していたときの子どもたちです。

皆、活躍しましたが（巻末「主な教え子たち」参照）、それは地方でも育成ができるという証明だと思います。

羽生結弦もそうですが、能力のある子に環境を与えてやれば、レベルの高い選手に育ってくれる。そういう土壌作りが、非常に大事なんじゃないかと思いますね」

都築は、子どもたちの集う様子を「グループ練習ができて良かった」とするが、子どもたちの面倒を見たのは都築ではない。彼の妻だ。

「まあ、そうですね。家内は相当大変だったと思います。皆、我が家に下宿しておりましたから、生活面は全部。

食事の支度はもちろん、子どもが小さい頃は小学校に送り出したり……。本当によく協力してくれました。

家内がいなかったら、いくら『やろう』としても続けられなかったでしょう。感謝しております」

そういう日々の中、都築はさらに変化していく。日本プロスケート協会の設立に理事として参加したし、一九六八年にはグルノーブルオリンピックに視察に出かけたし、七一年からは、プリンスホテル専属のコーチになった。

冬季オリンピックとの関わりは、長く続いた。七二年には札幌オリンピック、七六年にはインスブルックオリンピックの専属コーチを委嘱されている。

一九七七年には、東京で開催された世界フィギュアスケート選手権の専属コーチを委嘱される。

そして、この世界選手権こそ、日本フィギュアスケート史に輝く、特筆すべき一ページとなる。歴史そのもの、と言っても過言ではない。

この大会で、佐野稔は総合三位となった。銅メダルを獲得した。それは日本が獲得した史上初のメダルでもあった。

社団法人日本スケート連盟編『日本のスケート発達史』（以下、『発達史』）によれば、佐野はフリープログラム「ブダペストの心（振り付け、都築章一郎）」をほぼ完璧に演じた。

以下は『発達史』からの引用である。

「規定を終わって6位、ショートプログラムとの合算で5位。この段階で佐野のメダル獲得は難かしいとみられた。（中略）

期待の佐野は最後の演技者として登場した。（中略）15年間の辛い練習が実るかどうか――。（中略）最初のトリプル・ループはダブルに終わったが、だが、この直後に3回転の中で最も難しいトリプル・ルッツを成功させ、完全に調子を取り戻した。（中略）フィニッシュは両手を斜め上に突き出し、祈りにも似た姿勢をとった。

ほぼ完ぺきといえるすばらしい演技だった。スポーティに、しかも洗練され、フィギュアの極致を体現した5分間だった。大歓声の中、（得点が出て・引用者注）フリー世界一、トータル3位が決まった。（中略）劇的なメダル獲得。どんな脚本家も及ばないまさに劇的な東京大会のフィナーレだった」

佐野稔の一五年は、都築章一郎の一五年でもあった。だから、銅メダルが決まった瞬間、都築は泣いた。

「異端」と呼ばれ、眉をひそめられても、都築は自身を貫いた。佐野を「フリー、世界一」にした。目指してきた場所に、たどり着いたのである。

その勝利について、都築に訊ねる。口調はちっとも変わらない。静かなままだ。ただ、彼がそれを誇りとしているのは、わかる。はっきりと伝わってくる。

「非常に嬉しかったのを覚えています。あの時分は、三回転を二種類くらいしか跳べない選手が多かった。

それを五種類、七回ですから（当時のルールでは、ジャンプの回数に制限がなかった）、佐野は頑張りました。

世界選手権だけのことではありません。子どもの頃からずっと厳しい練習に耐えてきました。苦しかったと思います。本当に、よく頑張ってくれました。

前にも言いましたが、私は名のある指導者ではありませんでした。常に手探りでやってきました。難しいことも、たくさんありました。

でも、私自身はそれで良かったのです。私は、フィギュアスケートがどうにも好きでした。苦しい思いをしても、好きなことでしたので、わりあい和らげられた。そんな気がしております」

日本だけの環境（佐野は、一度も海外に拠点を置いていない）、日本人だけのコーチで三位という快挙を成し遂げられたのは、多くの協力者があったからこそだと都築は話した。

都築章一郎は、ここまで暗中模索の道を歩いた。科学的とは言いがたい指導だったかもしれない。

だが、彼のきわめて強引な、いわば場当たり的な姿勢は、他のどんなやり方より時代に合っていた。

「何が何でも、世界に追いついてやる」

そういう気迫が、いちばん求められた時代だったのだ。

ところで、彼の気迫と情熱は日本国内にとどまらなかった。ものすごい勢いで、ロシアへも向かっている。

ソ連の時代、かの国の人々は貧しかった。都築は、チューインガムをたくさん持って、ロシアへ渡った。

帰国の際には、ボストンバッグいっぱいの八ミリフイルムを持ち帰った。そして、日本で、また始めるのだ。まだ誰もやっていないことを、いくつか。

第二章 アレクセイ・ミーシンは語る

スポーツパレス「ユビレイヌィ」へは、ずいぶん早く到着した。サンクトペテルブルグにも渋滞があり、時間が左右される。時間に遅れたくないときは、早く出発するに限る。でも、たまには今日のように、まったく渋滞のない日もあるのだ。

ユビレイヌィは、一九六七年に設立された総合運動施設だ。広報の男性の話ではフィギュアスケートを第一に考えて建設され、その後、多くの種目が加わっていった。現在では、サッカー以外のほぼすべての競技に対応できる。

二〇一六年のアイスホッケー世界選手権前に、大がかりな改修工事が行われているため、あまり古さを感じさせない。とくにメインリンクは、落ち着いた赤を基調としていて、美しい。

「メインリンクでは、毎年三月にミーシン先生の誕生日にちなんだ大きなショーが開かれます。先生の教え子たちが出演するんですが、毎回大人気で、すぐに満席になります」

と、広報の男性は言った。

訪ねたのは、その「ミーシン先生」である。現役時代は男子シングルでソ連選手権三位（一九六四年）、ペアに転向してからは、世界選手権二位、ヨーロッパ選手権三位、ソ連選

プルシェンコらが育ったスポーツパレス「ユビレイヌィ」。入り口の扉には、伝説的なペア「アレクセイ・ミーシン&タマラ・モスクヴィナ」の写真も。ミーシンの部屋からはリンクでの練習風景が一望できる。

手権優勝（いずれも一九六九年）。主な栄典は、ソ連功労スポーツマスター、ロシア連邦大統領賞、ロシア連邦功労コーチなどである。

教え子には、オリンピック金メダリストの名前が並ぶ。アレクセイ・ウルマノフ（一九七三年生まれ）、アレクセイ・ヤグディン（一九八〇年生まれ）、エフゲニー・プルシェンコ（一九八二年生まれ）。この三人の名前を挙げるだけで、「ミーシン先生」の偉大さがわかるだろう。

さて、アレクセイ・ミーシン（一九四一年生まれ）は、ちょっと驚いた顔をした。腕時計（立派な時計だ）を示して、言った。

「時計を見てご覧なさい。時間が早いでしょう？　私は時間を守る男なんです」

でも、彼は、ぜんぜん怒ってなんかいない。目が笑っている。

「ジョークです。よくいらっしゃいました。さあ、私の更衣室へ行きましょう。二階です」

更衣室はいかにも、狭かった。三畳ほどだろうか。書斎のような感じの部屋だ。一方は作り付けの棚になっている。もう一方には、壁を埋め尽くすように写真が掛かっている。

中央の窓に沿って机があって、そこから階下の様子を眺められる。トレーニングリンクが、見えた（ユビレイヌィには、リンクが三つ存在する）。

ミーシンは、その狭い更衣室を右に左に行き来した。

「ロシアのフィギュアスケートの歴史の本です。何とか、それを見つけようとしています。残り一冊か二冊になっていて、残念ながらプレゼントはできないのだけれど、お貸しすることはできます」

部屋は整頓されているとは言いがたい。雑多にものが置いてある。棚は書籍だけではなく、いろんなものが斜めだったり、横だったりしながら、並んでいる。さんざん探してから、ミーシンはソファの前で言った。

「ちょっと見つからないので……。どうぞお掛けください」

見つからない気はしていた。だけど、「もういいです」とは言えない雰囲気だった。彼の様子は「貸してあげたい」という思いに溢れていた。

そういうわけで、私はとても感謝しながら勧められたソファに座った。ミーシンが隣に腰掛けると、ソファには、ほとんど余地がなかった。間に置けたのは、ソニーのボイスレコーダーくらいだ。縦の長さが一〇センチの。

「じゃあ、とりあえず、録音をしていただいて。お話をしましょう」

彼は気さくで、話しやすい。フレンドリーだ。ちっとも威圧的ではない。ロシア人らしい頑固さ、プライドは感じるが、彼ほどの重鎮なら当然だろう。アレクセイ・ミーシンは、ロシアの誇りの一人だ。

私は最初の質問をする。現在の日本のフィギュアスケートについて、お考えをお聞かせいただけますか？

目の前で、ミーシンが笑った。さも面白そうにである。

「これはほとんど『最後の質問』って感じですね。私が日本のフィギュアスケートについて、どう考えているか。これはエッセイでもなければ小話でもないです。

これは何巻にもわたる長い小説、ロマンのようなものです。ですから、後回しにして二番目の質問にいきましょう」

でも、次の質問も後回しになった。訊いたのは、ソ連時代から続く「文化としてのスケート」についてだ。

ミーシンは、また笑った。

「これは、さらに長い小説になりますね。あとで必ず答えますから、次の質問をどうぞ」

次の質問は、彼が現役であった頃と現在との違いについて。

「また長い答えになりますが、とても良い質問です」

そう言って、話し始める。実に興味深い話だ。

「自分が現役であった頃というのは、社会主義だったわけです。私たちは皆、その中で生きてきました。

で、社会主義というのは一種の『ラーゲリ（強制収容所）』みたいなものなんです。その格子の中から、社会を覗（のぞ）いているような感覚でした。

ただ、そんな社会にあっても、もちろんプラスの要素はありました。本物のラーゲリでも、自分のスープ皿を持っていたのと同じですね。

当時はスポーツに大きなアクセントが置かれていて、その発達に国が力を入れていた。ですから、ソ連時代、私たちは国の補助を受けていました。社会主義国家のスケートというのは、国がすべての支払いをします。リンクも無償で与えられます。

振付師もキーロフ・バレエ団から来ますし、フィットネスの担当も、音楽家もコーチも、非常にハイレベルでプロフェッショナルなのです。

で、そんな我々が誰と戦っていたかというと、アメリカやカナダの『クラブ体制』です。わかりやすく説明しましょう。

クラブを作ったのは、保護者です。そこに二〇人の選手を集めて、一人のコーチを選びます。子どもたちは学校に通いながら、余暇に練習をする。振り付けをするのは、先輩のスケーター。コスチュームはお母さんたちが作る。

要約しますと、国とクラブが戦っていたのです。ソ連が負けるはずがありません。勝ち続けました。

でも、現在は、多くの国がサポートを行うようになっています。日本もそう。ですから、今は国と国の勝負になりました。それでどうなったかと言いますと、日本と競うのがつらくなっているわけです」

日本は車もいいし、コンピューターもいいし、靴も服も、食事もビールも、熱燗もいい。だから、競うのが大変なのだと彼は言い、ニヒルに笑った。

こうした会話は、取材中に何度もあった。シニックではあるが、ユーモアを存分に感じる。能弁だ。言葉に勢いがある。きっと、ものすごく頭のいい人なのだと思う。

「国の支援が十分だったかですか？　それもラーゲリと同じ状況です。一杯のスープでも満足するという。

私がコーチとして成果をあげ始めたのは、ソ連の体制が崩壊（一九九一年一二月）してからです。そこで、ある種の自由を得ました。

本当の自由というのは、壇上から何かを主張するようなものではありません。構築的な力、何かを生む力になるものです。社会がより完成されたものになるための土壌です。

体制崩壊後、私は外国に行けるようになりました。自由は私の生き方、そして社会全体を変えたのです。

フィギュアスケートも例外ではありません。世の中は、すべてがつながっています。国のサポートは一時期、すごく少なくなりました。

生きていく上で十分な環境に恵まれなかった世代は、スケーターとして成功しませんでした。彼らは洋服を入手するのも、教育を受けるのも大変だったのです」

翻って、現在はどうか。サポートは回復している。ミーシンの話によれば、ほとんど完璧に、だ。

「現在、ロシアの選手は非常に良いサポートを国から受けています。生活費の援助もそうですが、スケート靴もコスチュームも、音楽も振り付けも、すべての費用を国家が支払うのです。年齢制限もありません。経済的な援助は、一〇歳の子どもでも受けています。

アメリカにしても日本にしても、裕福な家庭の子どもの方がより多くの可能性を持ちます。だけど、往々にして、貧しい家の子どもの方が才能を持っていたりする。ロシアでは、そういう子たちにも、平等にチャンスが与えられるのです。

ロシアには、たくさんの優れたシステムがあります。たとえば、レベルのランク分けが徹底しています。全年齢をカバーして昇級審査や試合が行われます。

ジャッジの層も厚い。すごく的確に訓練された優秀なジャッジが育成されています。こうしたシステムは、世界一完成されていると思います」

ミーシンに訊ねる。「世界一」のシステムに育まれる子どもたちは、どこからやってくるのか。「貧しい家の才能ある子ども」たちは、どうチャンスをつかむのか。

間髪を入れず、彼は答えた。大きな声だった。

「才能とは見逃しようのないものです。たとえば、干し草の入った大袋があったとします。その中に針が入っていたら、たやすく見つかります。ちくんと刺すわけですから。

それと同じで、才能は必ず見つかります。もっと言えば『見つける』んじゃなくて、『探す』んじゃなくて、『向こうから見えてくる』。たくさんいる中から、ぱっと目に飛び込んでくるんです。

昔は『コーチが素晴らしい子を見つけた。すごいなあ』と言ってましたが、まったく違います。才能というのは見つからずにはいられない、見つけられずにはいられないものなのです」

ミーシンは実際、「貧しい家の才能ある子ども」を何人か育てている。のちに「皇帝」と呼ばれる選手も、である。

「ウルマノフもヤグディンも、プルシェンコ（彼がのちの『皇帝』だ）もそうです。プルシェンコは、私のところに住み込んでいました。お弁当を作って、彼の実家に届けたりもしました。

ああ、そう言えば、彼は新入生のときにいじめられていましたよ。ウルマノフとかヤグディンに。

ビールマンスピンを回れば回った分だけ小突かれるとか、殴られるとか。そういった感じのことだったらしいです。

プルシェンコが立派だと思うのは、一切告げ口をしなかったことです。私がそれを知ったのは数年後のことでした。彼のお母さまから聞きました。

少し話が逸(そ)れましたが、プルシェンコは、私が見つけたのではありません。コーチの知名度が上がってくると、自(おの)ずとたくさんの子どもたちが集まるようになります。いろんなところから連れてこられて、コーチに託されるのです。彼はその一人でした」

思い当たることがある。モスクワのサンボ70が、そうだ。多くの子どもたちがやってくる。エテリ・トゥトベリーゼコーチに見つけてもらいたくて、距離をいとわず、遠方からも訪れる。

ミーシンにトゥトベリーゼについて訊ねたが、

「コーチ間には、エチケットみたいなものがありますので、遠慮させてもらいます」ということだった。

彼の現役時代の、ものすごかった人気についても訊ねたのだが、それも、「自分が人気だったとか、そういうのは話したくありません。好きではないので」ということだった。とても、素敵な人だ。そう思う。

ただし、彼は、私がちょっとでも口ごもると、「どうやら、質問は終わったようですね」と言った。「あと何問あるのか」と訊くのも忘れなかった。

「え、まだそんなにあるのですね。私はとっくにダーチャ（別荘）に行っていなければいけないのですが、気にしないでください。ぜんぜん大丈夫です」

表情や口調が硬いままなので、つい「申し訳ございません」と返すのだが、時間はそんなに押していない。

「いっそ、このままずっとでもいいですよ。今日は、もう一日つぶれてしまったのだから、永遠にやりましょう。好きなだけお答えします」

むろん、ジョークだった。ミーシンは面白そうに、笑った（蛇足だが、彼はあまり急いでいなかった）。

最初の質問と次の質問についてだが、たくさんの比喩が使われた。長編小説のようではなかったが、それなりに長い話だ。身振り手振りを交え、ときどき立ち上がって、彼は話をした。

「日本人というのは、フィギュアスケートもそうですが、音楽家であろうが労働者であろうが、みんな日本的なわけですね。

成田に到着すると『はい、皆さん、集まってください』って出迎えてくれます。そこで点呼があって、移動する。移動した先で、また全員の数を数えられる。それから、チケットが配られます。

そのチケットを使って、皆でまず地下鉄の駅まで行きます。地下鉄の駅ではまたチケットをもらいます。

鞄（かばん）を持って、地下鉄に乗ります。地下鉄を降りると、次はバスでホテルに向かいます。で、ホテルではすべての準備ができ上がっています。改めてパスポートを出す必要がないし、何かを記入する必要もない。名前を告げれば、すぐに鍵を渡される。

何を言いたいかというと、全部きっちりしている。スケジュール通りにことが進んで行く。本当に、ものすごくきっちりとしています。

ここからが、質問の主要な答えですが、日本人はどうやら気質的に、きちんとしている。内面にしっかりした芯、軸、根気強さというものを持っている。

すべてはその賜物でしょう。巨石に水滴がぽとん、ぽとんと落ちて、時間を掛けて、ゆっくりゆっくり削っていくっていう。（現在の状況は）そういうことではないかと思います」

なるほど、と私は思う。たしかに、日本の繁栄には、長い年月を必要とした。日本は、フィギュアスケートをずいぶん遅く始めた。徒手空拳で始めた。先人たちの献身と「根気強さ」があってこそ、今の隆盛がある。

「ロシアには、長く続くバレエやクラシック音楽の歴史があります。そういうものが、フィギュアスケートにも受け継がれています。

日本にもありますね、歌舞伎とかいろいろな伝統文化が。ロシア人だって、才能があるわけです。美しく踊ったり、音楽を奏でたりする才能がね」

長く受け継がれてきた文化が、ロシアのフィギュアスケートの根底にある。それが、絶対的な本物というべき美しさを与えているのだ。

だが、日本人にだって才能がある。黙って見ていたわけではない。懸命に追いかけ、追いつき、そして追い越した。選手で言う。たとえば、羽生結弦が。

羽生の話をするとき、ミーシンはどこか嬉しそうだった。とことん褒めた。「良い」を何度も繰り返し、使った。

「羽生結弦。そうですね、彼はすごく良い子です。もうスーパーに、ウルトラ良い子です。本当に、本当に良いです。

両手を上げるくらい、完璧です。天性のものを持っています。エッジワークも素晴らしい。優れている。本には、どうぞそう書いてください」

ミーシンは技術面を大切に考える指導者である。ならば、羽生の表現力はどうか。優れていると思うか。

彼は、笑った。楽しそうに言った。

「どうお答えしたら、いいんでしょう。あの、それって、まるで『ミーシン先生、太陽は温かいですか?』と訊くのと同じだと思いますよ」

　急いで続ける。

「申し訳ございません。愚問でした」

　彼はまた笑って、言った。

「大丈夫です。全部、許しましょう」

　取材の最後に、ジャンプの話をした。前人未踏の四回転半アクセルと五回転は、これから跳ばれるのかどうか。

「とてもいい質問です。四回転半アクセルについては、歴史的な経緯から見ても可能でしょう。で、五回転ですが、これは跳ぶメカニズムを変えないと跳べないと思います。

　私の子どもたちも、アルトゥール・ドミトリエフ(一九九二年生まれ。二〇一八年一一月、グランプリシリーズロシア杯フリーで挑戦したが、転倒)とか、何人かの選手が四回転半アクセルに挑戦しています。

　ただ、今のところ、クリーンに成功させるのは難しい。ナイアガラの滝に飛び込むようなものです。死んでしまうか、生きていられるか。要するに、そんな感じです。

五回転に関しては、まず走り高跳びをイメージしてください。いいですか。つまり……」

ミーシンはいきなり立ち上がった。身体を自由に動かしながら、話をした。その分、更衣室はますます窮屈になる。「こうやって」、「こういうふうに」と、彼が説明するときはとくに。

「走り高跳びでは、以前はこうやって足を上げて跳んでいました。ベリーロールです。それから、こうやって跳ぶようになりました。背面跳びです。それで高く跳べるようになった。

円盤投げは、以前はこうやって投げていました。古代ギリシャの彫刻を見るとよくわかります。その後、こういうふうに投げるように変えたわけです。そうしたら、より長く遠くに飛ぶようになりました。

やり投げも同じです。こういうふうに投げていたのが、こうやって投げるようになりました。

ですから、私は確信しています。五回転を跳ぶにあたっては、動作のメカニズムを変えなければならない。そうでないと不可能です。

そのメカニズムがどういうものか、今、私にはわかりません。そして、五回転は無理だと思っています」

彼の話は、最初はどこへ案内されるのかがわかりにくい。途中から、意図がわかり始めて、最後はなるほどと思わされる。知的でユーモアがある。よくバランスが取れていると思う。有意義な時間だった。

別れ際、ミーシンは、

「また、いつでもいらしてください」

と言った。

ところで、彼はこれからについて、こんなふうに語っていた。

「朝、気分良く起きて、車に乗ってリンクに来て、トレーニングをして、面白いプログラムを作って、試合に行って、試合のあとはダーチャに行って、ウオッカを飲む。さらに、『あれっ?』って感じで、メダルが落っこちてくれれば最高。そういう人生だったら」

もし「また」があれば、そういう人生について訊ねようと思う。

第三章

都築章一郎はふたたび語る

いくつかの証言によれば、若き日の都築章一郎はずいぶん「怖い先生」だったらしい。

佐野稔は現役のとき、

「トリプルルッツを跳ぶのは怖くありませんか？」

と訊かれ、こう答えている。

「都築先生の怖さに比べたら、まったく怖くありません」

こんな証言もある。神奈川県スケート連盟理事で、都築の教え子の一人である藤井妙子は、神奈川公会堂で行われた講演会（対談形式）で、こんなふうに話した。

「稔くんは甲府から都会（川崎）に出てきて、いろんな面白いことがあったんだと思います。いたずら坊主でした。ものすごく混雑しているリンクの中央で、小さな男の子がくるくる回っていたのを覚えています。

都築先生のもとで、お兄さんと一緒に下宿生活を送り、日常も練習も常に一緒という環境にありました。先生が親代わりのような形でした。

一九七七年に東京代々木体育館で開催された世界選手権で、日本人初の銅メダリストになりました。

フリーで、稔くんは世界初となる五種類の三回転ジャンプを成功させて、世界を驚かせた。その道のりは想像を絶する練習の連続だったと思います。

私も一緒に練習をさせてもらっていたんですが、都築先生は、もう怒ると顔が真っ赤になる。

あるとき『どこかへ行ったなあ』って思っていると、アイスホッケーのスティックを持ってきて、『こらーっ』と、私たちを追い回すんです」

あ、言っちゃったと藤井が続けると、会場には笑いが広がった。

都築は、「こらーっ」のエピソードには無言だったが、それはわりと有名な話だ。スケート関係者の中には、「よく佐野は逃げなかったものだ」という声もある。

実を言えば、少年の頃、佐野は逃げている。山梨へ何度も逃げ帰った。だが、そのたびに川崎に戻ってきた。理由は、互いの信頼だろうか。少なくとも、都築はそう考えている。

間をおいて、彼は口を開いた。

「当時、たくさんの子どもたちが地方から、私のもとに集まってくれていました。スケートが上手くなりたいという思いで。

そういう形に発展したのは、日本で、私の生徒が初めてではないかと思います。子どもたちとも親御さんたちとも、強い絆（きずな）で結ばれていた時代でした。

子どもたちは厳しい、非常に過酷な練習に耐えてくれました。そして、その中から、世界に向けて羽ばたいていくスターが誕生していったのです。『世界一になる』ということを佐野に託し、指導してまいりました。そして、それは、少し先になりますが、羽生結弦という選手との出会いの始まりでもありました」

現在の都築は、過去と同じではない。激しさを表に出すことはない。情熱を失ったのではない。秘めている。なぜか。時代が、変わったのだ。

「昔のような指導は、もうできません。今では、子どもや親御さんがついてこられない。佐野の時分みたいな関係ではないですからね。信頼が薄くなっています」

ある意味、それは現代の「常識」だろう。過去は著しく遠くなっている。良くも悪くも、である。

「佐野にはずっと、三回回って降りるということを繰り返させてきました。非常に単純な動作だったと思います。

それを飽きずに、懲りずに、積み重ねてくれた。小学生の頃から、二二歳までずっとです。本当に、よく頑張ってくれたと思っています」

ところで、地方から集まる子どもたちを育てる「怖い先生」は、「体制」への不満も抱えていた。

「そうです。まあ、点数の出し方がね。昔はおべっかを使う人がいっぱいいて、フィギュアスケートは嫌な競技だったんですよ」

このたぐいの話は、実はけっこう耳にする。しかし、たいていは「オフレコで」と釘を刺される。

決して、日本だけの話ではない。フィギュアスケートだけの話でも、ない。さまざまな競技が、暗部を上手に隠しているのだ。

都築は話す。

「差別というか、偏見というか。昔、フィギュアスケートは、先行していた東京と大阪に二分されておりました。

オリンピックに行かれる方も、そのあたりから多く選出されていました。地方より、都会の人の方が点数が出ていたと思います。

その時分は、仕組みがまだしっかりしておりませんでした。厳格なルールがあったわけではないので、ある人間の主観で点数が行ったり来たりする。当然、順位もです。

感情的な背景が、かなり重要視されていました。そういう状況で試合をした記憶があります。フェアとは言えない。ほど遠かったと思います。

上流階級の趣味から始まった競技ですからね、日本のフィギュアスケートというのは。きちんとした体制が整うには、時間が掛かりました。

虐げられていた分、地方にはハングリー精神がありました。東京優位の状況を覆そうという。私自身も、そういうエネルギーに支えられてやってきました。

姿勢は、挑戦的であったろうと思います。だけど、挑戦的に取り組んだからこそ、新たなテクニックが生まれた。それは事実です。

私が『他の指導者と違っていた』と言われるのは、そういうところであったかもしれません。『違う』とは、自身でも感じておりました」

一九七一年に、プリンスホテルの専属コーチに就任する一方、都築は、地方での選手育成を続けていた。

指導した選手が、国体で優勝することもあった。全日本選手権にも出場した。名前を挙げよう。のちに日本を代表する名コーチとなる長久保裕が、そうだ。

都築はたびたび、こう口にする。

「今、トップクラスの子は、ほとんど地方出身になっています。羽生だって、そうですからね」

言葉には、はっきりとしたプライドを感じる。彼は断じて、地方の軽視を許さなかった。長い時間を掛け、闘った。そして、勝ったのだ。

都築はプリンスホテルに所属していた一〇年の間に、世界プロスケート協会（プロインストラクターが所属する団体）から「シルバーピン」を授与された。佐野稔の世界選手権銅メダルに伴う表彰であった。

また、一九七八年に品川プリンスホテルで、日本初となるアイスショー「ＶＩＶＡ！ＩＣＥ ＷＯＲＬＤ」（公式には、日本で初めての開催。非公式には、五〇年代の終わりまで遡る）を立ち上げ、自らも出演している。

このショーで、佐野は熱狂をもって迎えられた。

「世界選手権のあと、佐野は引退しました。もう一度、挑戦しようとか、世界一になれるのではないかと思いはしました。

でも、佐野は疲れ果てていました。それ以上、厳しい練習に耐えられるような状況ではなかったのです」

ショー会場は満席ではなかった。観客席には、プリンスホテルの関係者も多く座っていた。

だが、それ以外の観客はみな、佐野稔を見に来ていた。そう言いきっても、間違いにはならない。彼は日本人初の、そして唯一のスタースケーターだったのだから。

都築章一郎は、若き日の自らを「熱に浮かされた青年」と呼ぶ。

「青年」は、一〇代から二〇代あたりを指すが、彼は三〇代でも、四〇代でも、「熱に浮かされた青年」であり続けた。

夢を追い求めるという意味で言えば、八〇代の現在でもそうだ。彼は「四回転半アクセル」にこだわっている。

「五回転」だって、そうだ。必ず跳べる日が来ると信じている。理想主義とは違う。諦めるのが嫌いなのだ。

だから、もちろん、佐野稔のあとも「世界一」の選手を、本気で育てようとした。そのために、一九八一年にダイエーに転職している。ダイエーレジャーランドのスケート部長兼支配人となったのである。

「要するに、夢を追いかけたんです。世界一のスケーターを誕生させたいという夢です。プリンスホテルでは難しかったので、飛び出したような形になりました。

日本の将来のために、何をどうすればいいのか。それには、やはりどうしても大きな組織が必要になる。

で、ダイエーの中内切(いさお)社長(当時)にお願いして、スケート場を作っていただきました。おかげで、より良い環境を子どもたちに与えることができました。

中内社長からは『オリンピック選手を育てなさい』というお言葉を頂戴しました。リンクは千葉の新松戸にありましたので、そこにスケート学校を開設しました」

そして、都築の人生は大きく動いていく。それまでも人と同じではなかったが、ますます異なる道を突き進むことになる。彼には、ずっと温めていた思いがあった。ソ連、現在のロシアへの思いである。

都築は話す。

「ロシアに行ったのは一九七〇年、佐野が一五歳のときでした。ロシア杯に連れて行きました。

札幌オリンピックへ向け、若い世代を外国に出そうという流れがありました。ただ、世界選手権以外の海外派遣はまれで、私も自費での参加でした。

その時分は北米に行く人はいても、ロシアに行くのは珍しかった。私が初めてだったと思います。

試合は惨敗。衝撃を受けたのを覚えています。根本から違うんです。ロシアのスケートには、物語がある。これが本物なのだと思いました。

当時は、まだソ連が崩壊する前でしたから、国家が育成を担っていました。トップレベルの選手だけを教えるコーチもいました。

一人が全部を教えるのではなくて、バレエやジャンプや振り付けとかを、四、五人で教える体制も整っていました。

彼らには、すでに国家から特権や待遇、環境が与えられていました。かたや日本は組織さえ機能していなかった。どうにもならないくらいの差です。

ロシアの側から見たら、私たちは『なんだ、あれは』というようなレベルだったと思います。本当に、ショックでした」

前章で紹介したアレクセイ・ミーシンもそうだが、ロシアのコーチは指導力に定評があった。選手は、高い技術と芸術性に溢れていた。その美しいフィギュアスケートを、優れたシステムが支えていた。すなわち、日本とは違っていた。すべてにおいて、である。

都築はそれらが羨ましかった。日本に必要な強化システムだと思った。だから、考えた。果たして、導入できるだろうか。

「考えて、すぐに無理だと思いました。それで、自分でやることにしたんです」

このあたり、都築の「異端」ぶりは際立っている。普通、国家ができないものを個人でやろうとは思わない。大多数が、諦める。無謀な試みと知っているからだ。

彼はちょっと笑って、続ける。

「普通はそうでしょうね。でも、私は『なんとしても』と思いました。当時、日本のフィギュアスケート界は、非常に未熟でした。だからこそ、『本物』に学ぶ必要があったんです。

田舎者だったのが良かったのかもしれません。東京出身なら諦めていたと思います。ハングリー精神が足らなくて。

とにかく、新たな欲望が芽生えた以上、やるしかありませんでした。どうしても叶えたい夢を持つと、私のような人間が生まれるんじゃないですか」

そして、実際、彼は始める。私財を投じて、ロシアに通う。ソ連功労コーチ、スタニスラフ・ジューク（一九三五～一九九八年）らの指導を受ける。

「ソ連の時代、街は全体が貧しかった。私の持っていたチューインガムを欲しがったりしましてね。

そういう経済状況でも、芸術面では、貧しさの欠片（かけら）もない。音楽とかバレエとかフィギュアスケートをやっている人というのは、完璧なエリートでした。

ただし、国がすべてを管理していましたから、非常に束縛されていました。政治局員みたいな方がトップにいて、あれこれ采配をする。コーチも選手も、その采配通りに動かなければならないんです。

ペアでオリンピックチャンピオンになったオレグ・プロトポポフ（一九三二年生まれ。一九六四年インスブルックオリンピック、一九六八年グルノーブルオリンピック金メダリスト）は、スイスに亡命（一九七九年）しましたからね。国を出て、自由にやりたいって人もけっこういたのではないかと思います」

だが、そうした負の一面に、都築が揺らぐことはなかった。いささかの影響も受けなかった。いったん思い込むと、何か別のことを考えられないのだ。

後に詳しく綴るが、都築は一人娘である奈加子（一九七五年生まれ。アイスダンス全日本選手権優勝六回。現在はコーチ、国際スケート連盟認定テクニカルスペシャリストを務める）を、ロシアにスケート留学させている。

「娘は、五歳でスケートを始めました。スケートが好きだと言うので、その意思を最優先させました。

アイスダンスを選んだのは、能力的にシングルでは難しかったからです。ジャンプを跳ぶ力が不足していました。

最初は日本人と組んでやっていたのですが、ステップアップするには、ロシアへ行って経験させるのがいいだろうということで、一九九一年に行きました。

あまり知られていませんが、スケート留学をしたのは、うちの娘が日本で初めてです。いろんな先生に師事しました。タチアナ・タラソワ先生のところへも行きました。

タラソワ先生は、シングルもペアもアイスダンスも指導されます。当時から第一人者でした。ものすごいテクニシャンで、実績も素晴らしい。発言は、多方面に影響を与えます。相当な力をお持ちです。

向こうの先生方に指導を受けたこと、オリンピック選手に交ざって練習できたことは、大きな財産になったのではないかと思っています。

まあ、その分、嫌な思いもしたようです。限られたエリートのグループに入るのですから、それはね。

ロシアのフィギュアスケートに、平等なんて言葉はありません。生存競争に勝ち抜かないと、クビです。リンクにいられなくなる。だから、皆、熱心というか貪欲というか……、意地悪だったりします。

娘もさんざん酷い目にあったようですが、『帰りたい』とは一度も言わなかった。こちらも『帰ってこい』とは言わなかった。そういう意味では、うちは、スケート馬鹿一家なんです。

頑張ってくれたので、上達は早かったです。一年くらいで、もう上手くなった。初めて組んだ選手が、世界ジュニア選手権で三番の子だったのも幸いでした。

ただし、外国ですから、常に心配はしていました。心配で、心配でたまらなかった。家内が毎日、電話を掛けるので、電話代が大変だったのを覚えています」

都築奈加子がロシアで最初に訪れたのは、ソ連功労コーチ、ロシア名誉コーチ、ヴィクトル・ルイシキンの家である。

初対面ではなかった。ルイシキンは、都築が日本に招聘したコーチで、幼かった奈加子の指導をしている。これも後述するが、彼は奈加子のスケートを高く評価した。アイスダンスに誘ったとも言えるだろう。

ところで、一九八九年のルイシキン来日は、ちょっとした話題になったらしい。報道もされている。曰く、「フィギュアスケートの伝道師がやってきた」。

繰り返すが、このとき彼を招いたのは都築章一郎だ。日本スケート連盟の承認は得なければならなかったが、連盟が招聘したのではない。

都築は、「自分でやることにした」を実行に移したのだ。初めてロシアの地を踏んでから、二〇年の月日が過ぎていた。

「佐野をロシアに連れて行ったあと、ロシアとの交流が始まって、日本でエキシビションをやるようになったんです。錚々たるメンバーが来日しました。その中の一人がルイシキンでした。

大変懇意にしていた先輩、森山繁夫先生（一九三四年生まれ。日本大学法学部卒業、フィギュアスケートコーチ。一九八二年にアレクセイ・ミーシン著『コーチとスケーターのためのフィギュア技術』を共同翻訳）の紹介で、ルイシキンに会い、話をしました。『日本で指導をしてもらえないか』という話をです。

森山先生とは、日大にフィギュアスケート部を作った頃からのつきあいで、私の大きな支えでした。数少ない理解者でもありました。

昔は、大学閥みたいなものがあって、非常に競争心が強かった。明治とか早稲田とか慶應とかが、相応のポジションを築いていました。

我々は歴史もなく、強くもありませんでしたが、一つのグループとして存在していました。たしかな絆があったと思います」

ルイシキンとの話は、上手く進んだ。だが、そこからが大変だった。長い話になる。一般的に言えば、苦労話だ。「大変」を多用する。

その一方、思うままに人生を歩んだ話でもある。やはり「普通」とは違う。だいぶ、外れていると思う。

都築は語りながら、楽しそうだった。「ははは」や「ふふふ」と笑った。何度も、である。

資金繰りに行き詰まった話のときも、そうだ。感じ良く、微笑んでいた。ある種の成功譚なのだ。都築にとっては、おそらく。

「ルイシキンを招くにあたっては、大変でした。まず、就労ビザの問題がありました。あの時分は、外国人の就労ビザ取得がものすごく大変だったんですよ。

外務省には、何度も行きました。結局、私自身が会社を起こすことにしまして、その会社の所属という形で就労ビザを受けました。

それでも、発給までに半年くらい掛かったと思います。当初はスケート云々と言うより、雑務の方が大変でした。

その後、春、夏、冬に来てもらいました。年間三回、一回の滞在はだいたいひと月くらいでしたか。夏は二ヶ月のときもあったかと思います。

滞在先は、我が家です。私の住まいは都内にあったのですが、新松戸にもマンションを用意しました。

滞在が長いので、ホテルに泊まってもらうわけにはいかなかったんです」

私は訊ねる。それらの費用は誰が負担したのか。滞在費だけではない。来日するのにも、費用がいる。ロシアから、年に三回だ。飛行機のチケット代だって、相当な金額になる。

むろん、報酬も必要だ。いったい、どうまかなったのだろう。

都築は笑って、答えた。

「全部、私が工面しました」

驚いた。すぐに訊ねる。全部ですか？　お一人で？

「はい。その時代時代で、いろんな工面をしました。

会社（ダイエー）に声を掛けたり、講演会や講習会を開いて、そこでの収入を蓄えたり
して。ただ、新松戸に購入したマンションは、結局、手放すことになりました。

あの時分は、すべて個人の犠牲の上に成り立っていた時代ですが、まあ、本当に大変で
した。今振り返れば、『よくできたなあ』と自分でも思います」

都築は、具体的な金額については答えなかった。

「さあ、いくらくらいだったのでしょう。かなりの金額だったと思います」

と笑う。

でも、過去の記事にはこうある。「滞在費などは夏だけで約３００万円になった」（「朝
日新聞」二〇一三年八月六日付夕刊）。

私は、日本スケート連盟についても訊ねた。連盟からの援助はなかったのか。

「強化選手には強化費が出ましたから、それらを活用したことはあります。ただ、その他

はぜんぜんでした。

連盟は、タッチしたくないというのが本音だったんじゃないでしょうか。個人が勝手にやっていることに、関わりたくないという雰囲気でした。

『やりたければ、やれば』みたいな感じもありました。要するに、口を出せば自分たちにも費用負担が生じますからね。

ただ、招聘の手続き上、どうしても日本スケート連盟を通さなければならなかったのは事実です。国の許可を得て、ロシアと交渉ができるという仕組みでした」

このあたりの内容は、次章で紹介するヴィクトル・ルイシキンの話と一致する。彼らは、時代の証言者でもあった。

「ルイシキンとは、新松戸で一緒に暮らしました。言葉がわかりませんから、手振り、身振りで会話をしました。

目と目を合わせ、探り合っていることもありました。『何と言っているんだろう』と、お互いが悩んでいるんです。思い出すと、おかしくなります。

スケートの話のときはいいんです。スケートのことであれば、だいたいはわかりました。

困りませんでした。

レベルの高い話は、通訳を通して聞きました。コーチングのあり方、基礎練習の積み重ね方など、『もう少し教えてほしい』というときには、どうしても奥の深い話が必要になりますからね。

彼の方がしっかりした理論、テクニックを持っていますので、聞き逃さないよう気をつけていました。

こちらから要望を伝えることもありました。物足りない気がするときに、『ああしてくれ、こうしてくれ』と要求するのですが、まあ曲げない。それで、よく喧嘩(けんか)になりました。ロシア人というのは、非常に執念深いところがあります。自分の主義主張を、絶対に曲げないんです。それで、ずいぶん苦労しました」

彼は、そう言った。苦労したのは事実だと思う。でも、それは、揺るぎない信頼関係が言わせる言葉だ。

都築とルイシキンは盟友である。同志と呼ぶに、これほどふさわしい関係はない。たぶん、似た者同士だから、大変だったのだ。

ルイシキンはエネルギッシュな人で、八〇代になった現在でも情熱を持ち続けている。熱い男だ。都築と、とてもよく似ている。だからこそ、彼らは同じ道を歩いた。人生の一時期を、日本のフィギュアスケートのために。

「あの時分、日本には、これといった指導書もなかった。なかったものを、ルイシキンと私で作った。そういう自負があります」

都築のその頃の様子を紹介しておこう。こんな活動をしていた。

○スケート教室開催
○日中友好トレーニング指導交流会開催
○アイスショー開催
○スケート強化練習事業開催（春、夏、冬）
○海外一流コーチ招聘による講習会および研究会開催（年三回）
○スケート競技会開催（フィギュア、スピード、ホッケー）
○ダイエーカップ杯、演技発表会開催

○スケート教師派遣交流（国内、海外）
○屋内、陸上の体力強化トレーニング（年間）

こうした取り組みが、新しいとされる時代だった。とくに、「海外一流コーチによる指導」はとびきり新しかった。

新松戸のリンクには、長久保裕や無良隆志らが、指導者として立っていた。二人は、都築の教え子だった。

長久保は、都築と一緒にロシアへ出かけている。ロシアに学び、強く影響を受けた。そして、彼はのちに育てる。田村岳斗（やまと）（一九七九年生まれ）、本田武史（たけし）（一九八一年生まれ）、荒川静香（しずか）（一九八一年生まれ）、鈴木明子（一九八五年生まれ）ら、オリンピック選手を、である。

荒川静香は、二〇〇六年イタリア、トリノオリンピックで金メダリストになった。フィギュアスケート初の金メダルを日本に、アジアにもたらした。

それらは、長い一つの物語だ。背景がつながっている。ちょっとした奇跡でもあると思う。物語は、そこでは終わらない。羽生結弦まで続いてゆく。

「私があのとき、ロシアに行かなかったら。ダイエーにリンクを作ってもらわなかったら。ルイシキンを招かなければ。日本の現在は、まったく違っていると思います。

私の人生は、ロシアが方向づけてくれました。これほど刺激を受けた国はありません。大きなことを言わせてもらえれば、日本の方向づけもしてくれた国ではなかったかと思います。

ロシアと交流を持つことで、技術向上につながりました。日本のフィギュアスケートの発展に、とても重要な意味があったと思っています。

少なくとも、世界に通用する選手作りに貢献のあったことは間違いありません。それは確かです」

と、都築章一郎は言った。

第四章

ヴィクトル・ルイシキンは語る

一九三七年生まれ。モスクワにて、六歳よりフィギュアスケートを始める。一九六四年、ソ連公式初代アイスダンスチャンピオン。世界選手権にソ連代表として最初に出場したアイスダンス選手。一九六八年、世界選手権五位（スイス、ジュネーブ開催）。

一九一八年に設立された国立体育教育、スポーツ、青少年および観光大学「フィギュアスケート科」の最初の講師。大学で使用する最初の教本の著者（その他にも、アイスダンス関連のメソッド教本を執筆）。

一九六二年、警察付属組織、クラブ「ディナーモ」のフィギュアスケート部ヘッドコーチ。一九六四年、ＣＳＫＡ（陸軍中央スポーツクラブの略）のコーチ、インストラクター。競技引退後、一九六九年より「プラウダ紙」の非常勤スポーツコラムニスト。一九七六年よりソ連ジャーナリスト同盟の一員。テレビ、ラジオのスポーツコメンテーター。

一九七二年、ＣＳＫＡ付属特別フィギュアスケート学校設立。フィギュアスケート部監督、ヘッドコーチとなる。

一九八一年から八四年までブルガリアのオリンピック選手団コーチ。一九九〇年から九八年まで全日本選抜選手団のコーチおよびアドバイザー。

これらが、ごく簡単なヴィクトル・ルイシキンの経歴である（Sports.ru）。

ルイシキンは現在、モスクワ郊外のマンションの高層階に住んでいる。サンルームを兼ねた、ベランダからの眺めが素敵だ。遠くに水辺と濃い緑が見える。午後の太陽が、少し眩（まぶ）しい。空は広く、高かった。

「ここから景色を眺めるのが好きなんです」

と、彼は賑（にぎ）やかに言った。

がっしりとした身体つきの、声の大きな人だ。警察や軍の組織にいた人らしい秩序正しさを感じる。厳格な父親のような雰囲気だ。叱られたら、きっと怖い。

だけど、実際の彼はすごく優しい。瞳（引き込まれそうなくらい、透き通った青だ）が、なにしろ温かい。心情がストレートに伝わってくる。

居間に戻ると、ルイシキンの声はさらに大きくなった。まず、来日の経緯について訊く。滔々（とうとう）とした語り口だ。熱気がぱあっと周囲に広がった。

「たくさん、面白いことをお話しさせていただきますよ。初めてお話しすることばかりです。楽しみにしていてください。

私はソ連時代から、日本に通い始めています。私より前に、長期招聘されたフィギュアスケートのスペシャリストはおりません。

日本に行くのには、いろんな苦労がありました。渡航を禁止されたり、招聘状を隠されたり。つまり、簡単には出国させてもらえなかったのです。

あらゆる事実を、正直に、正確に、時間の許す限りお話しします。私自身もジャーナリストですからね。二〇年にわたって、『プラウダ』（ロシア語で「真実」、「正義」の意味）で記者をしておりました」

「プラウダ紙」は、ロシア連邦の新聞（かつてのソ連共産党中央委員会の公式機関紙。一九一二年創刊。最盛期は一〇〇〇万部を超え、世界一の発行部数を誇った）である。

「日本に行くきっかけになったのは、モリヤムチック（前章に登場した森山繁夫の愛称）に声を掛けられたことでした。一九八九年のNHK杯のときです。

モリヤムチックとは、一九八四年、サラエボオリンピックで出会いました。私はブルガリアオリンピック選手団のコーチとして参加していました。

ＮＨＫ杯で久しぶりに会って、『日本のアイスダンスの指導をしてくれないか』と頼まれたんです。

『私でいいなら』と引き受けて、試合が終わったあと、夜な夜なモリヤムチックの運転するバイクに乗って、リンクに通いました。アイスダンスの子を見てあげるために。

夜間トレーニングでは、スケート靴がなかったので、ツルツル滑りながら、ひたすら走りまくりました。大丈夫、転びませんでしたよ。

コンパルソリーダンスの元となる、アルゼンチンタンゴ、ワルツ、クイックステップ、ルンバといったダンスを踊ってみせたり、教えたりしました。

そうした指導を、モリヤムチックは気に入ってくれたようで、最終日に『ひと月くらいの長いスパンで来てもらえないか』と誘われたのです。

私は、一九七二年の札幌オリンピックの際にも訪日しています。ソ連選手団監督、『プラウダ』の特派員として、です。

札幌に連れて行ったセルゲイ・チェトベルヒン（一九四六年生まれ）は、男子シングルで銀メダルを獲りました。モリヤムチックが指導していた女子シングルの子も出場していたと聞いています。良い大会でした。

ただ、試合のときは、リンクと宿泊施設の往復ばかりです。街や人々の様子を見ることはできません。私はその頃、すっかり日本を好きになっていました。だから、日本をもっと見たかったし、知りたいと思っていたんです。

私はモリヤムチックに言いました。『喜んで行きたいよ。でも、国が行かせてくれないと思う』。ソ連時代でしたからね。でも、国が承諾してくれたら、ぜひ行きたいと思いました。

それで、『報酬はいらない。無料で、助けてあげる。日本のあちらこちらを見せてくれたら、それでいい』と答えたんです」

その後、ルイシキンは森山の紹介で、都築章一郎に会う。招きに応じて日本にやってきた。それは前章に綴った通りだ。

だが、事実は一つではない。私はふたたび「苦労について」を記す。ロシア編とでも言おうか。ルイシキンの出国には、困難が伴った。奇々怪々な話だと言えるだろう。

「当時のソ連大使とソ連国家スポーツ委員会フィギュアスケート国家コーチであったゴル

シコフ（アレクサンドル。一九四六年生まれ。一九七六年インスブルックオリンピック、アイスダンス金メダリスト。二〇一〇年よりロシアフィギュアスケート連盟会長）とモリヤムチックとともに、本格的な話し合いが行われました。

話し合いに参加した人たちは口を揃えて言いました。『問題ありませんよ。大丈夫です。いつから行きますか？』

私はＣＳＫＡのヘッドコーチでしたから、『七月の夏休みなら、自分が指導する選手も休暇中なので都合がいいと思う』と言いました」

一連の話に、口を挟むのは至難の業だった。何か訊ねようとするたび、彼は言った。

「最後まで聞いてください」

ルイシキンは続ける。だんだん、顔が赤みを帯びる。瞳は、怒りを湛（たた）える。拳はときおり、振り下ろすように揺れた。迫力がある。彼に叱られたら怖いと思う。絶対、そうだ。

「ところが、待てど暮らせど日本からの招聘状が来ない。今のように、簡単に電話ができる時代ではありませんでしたからね。すべては、スケート連盟を通して行うしかなかった時代でした。

その矢先、クジキン〈ヴィクトル。一九四〇年生まれ。一九八八年から九一年まで、アイスホッケーチーム『王子製紙』〈当時〉のコーチ兼アドバイザー。長年にわたりＣＳＫＡのチームキャプテン、コーチを務める〉から、連絡が入りました。

クジキンはオリンピックで三度金メダルを獲った大変有名なディフェンダーで、私の友人でした。

彼は言いました。

『お前、何やっているんだ。恥ずかしくないのか。日本に来ると約束しておいて、何の連絡もしてこないって、大使館でも皆、怒っているぞ』

だけど、私は何がどうなっているか、まったく知らない。わかりませんでした。で、連盟に訊きに行ったんです。

そこで判明したのは、私を『いくらで日本に売るか』という話し合いが、背後で行われていたということでした。

私は言いました。

『穴があったら入りたい。それくらい恥ずかしいよ。日本に行くのは、自分の夏休みの自由時間を使ってだ。私は、日本の子どもたちに約束したんだ、行くよって。以前、ＣＳＫＡの中に子どものための学校を作ったように、日本にもそういう学校を作りたいんだ。大使だって、この話をしたとき、同席していた。大使の顔をつぶすようなことをして、いったいどうするつもりなんだ』

要するに、激しく怒ったわけです。それで、どうなったか。その場で、私を『売る』と正式に決まりました。私自身は何ら変わっていません。無料で教えました。日本から入る金額のすべては連盟に入りました。

四八万円でした。スケート連盟が、私を『販売』するにあたって、都築さんに提示した金額です。

当時の新聞には、でかでかと載りましたよ。ＣＳＫＡのヴィクトル・ルイシキンがかくかくしかじかで日本に行くことになり、その契約金がいくらになり、その金額はルイシキンが校長をしているＣＳＫＡスポーツ学校にビデオ機材を購入および導入するために使用される予定ですってね。

都築さんは、日本に到着した私に『報酬です、どうぞ』と、お金をくれようとするんですが、そのお金は自分のものではなく、国に持ち帰らなければならない。だから、私は『お金はいらない。帰国直前に受け取ります』と言いました。都築さんもモリヤムチックも、このあたりのことは知らないので、『変な奴だなあ。どうして報酬を受け取らないのだろう』と不思議がっていました。

でも、私としては、そのお金を大事に大事にソ連に持ち帰らなければいけない。一ドルでも不足していたら、もう国外に出してもらえないという罰則もあったのです。考えた末、私は都築さんに『上記の金額を間違いなく受領し、それをすべて持ち帰ります』という証書を作成してもらいました。

私がもらえるのは一日当たり二一ドル（約三〇〇〇円）のみ。これも秘密でしたから、都築さんは、今も知らないはずです。なけなしの二一ドルは、大切に使いましたよ。食事を奢ってもらうのは、気が引けてならない。サウナに誘われても、断ったりして。お土産だって買わなければならなかったですし。

これで、導入部分の話は終わります。私は、こんなふうにして、日本へ、新松戸に行きました。

さあ、ご質問をどうぞ。都築先生（スケートの話をするとき、ルイシキンは都築を『先生』と呼んだ）の日本フィギュアスケート界への多大な功績についても、ちゃんと話をさせてくださいね。誰も知らない話をします。

都築先生が、世界のフィギュアスケート界に与えた功績についても話さなければいけません」

もちろん。都築章一郎について、私は知りたかった。それを綴るのが、自分の役目だと考えている。

ノスタルジアではない。ヒロイズムでもない。一人の「異端」が、歴史を書き換えた。その道程を追いたいと思う。

都築の功績に触れる前に、ソ連時代のルイシキンを紹介しておく。現役のスケーターだった頃の話も少しする。でも、まずは「フィギュアスケートは文化ではなかった」という話からだ。

「昔は、ずいぶん軽視されていました。中でも、オリンピック種目でなかったアイスダンスは普及が禁じられていました。不必要なものだと思われていたんです。

フィギュアスケートを権威あるスポーツにしたのは、一九六二年にプラハで行われた世界選手権です。私もコーチとして参加していました。

そこで、ペアのベラウソワ（リュドミラ。一九三五年生まれ）、プロトポポフ（オレグ）組が、ソ連史上初となるメダル（銀）を獲得したのです（ベラウソワ・プロトポポフ組は一九六四年インスブルックオリンピック、一九六八年グルノーブルオリンピックの金メダリスト。一九六五年から世界選手権四連覇）。

シングルに関しては、男子も女子もまったく勝負になりませんでした。だから、その頃は、『文化』と言えるようなスケートは存在していなかったわけです。

まともなリンクもありませんでした。野外のリンクでトレーニングをしていた時代です。一九六八年までは、ヨーロッパ選手権も世界選手権もオリンピックも、すべて野外リンクで試合が行われていました。

ベラウソワ・プロトポポフ組が、ソ連のスケートを文化にしました。実際、人気もののすごかったですよ。どこへ行くのにも大勢のファンがついて回るんです。一度などは、彼らのみならず、我々選手団全員が乗っているバスを持ち上げてしまったくらいです」

聞きながら、思う。ひと組のスターの誕生が、一国の文化を創る。オリンピックのメダルというのは、それほど重いのだ。力を持つのだ。

「私はプラハで初めて、アイスダンスを見ました。そして、『なんだ、これは。とても面白い』と思って、踊り始めたわけです。

当時は『ロシア亡命者の音楽』の使用が禁じられていました。その種の曲で踊るのが禁止だったんです。

一九六四年に、私とリュドミラ・パホモワ（一九四六〜一九八六年）がアイスダンスのナショナルチャンピオンになったときも、ソ連代表としてヨーロッパ選手権に出場することは許されませんでした。

理由は、禁止されていた西洋デカダンスふうの音楽を使用していたからです。私たちは、そこから切り開いていきました。アイスダンスを、どんどん美しくしていきました。

ただ、私たちは、ペアの選手がもらうような『大きなサイズの金メダル』はもらえませんでした。『小さなサイズの金メダル』をもらいました。それくらい、冷遇されていたんです。

国際スケート連盟のローレンス・デミー副会長がかつて言いました。『パホモワ・ルイシキン組はフィギュアスケートにおける民族音楽の使用という観点から、非常に大きな功績を残した』。

つまり、ロシアの民族音楽を使って、ヨーロッパへ至る道を切り開いたと形容できると思います。私たちは、誰もやらなかったことを、やったのです」

今、ロシアのアイスダンスは美しい。折り紙付きだ。私は、初めて知る。それは、「小さな金メダル」から始まった。ヴィクトル・ルイシキンが、アイスダンスを「文化」にした。

さて、ここからが日本での話になる。彼は新松戸を拠点に、日本各地へ赴いた。有望な新人を発掘するための野辺山合宿にも、参加した。むろん、都築と共にである。

「音楽性という意味では、当時の日本は石器時代でした。助走をつけてジャンプ、ただそれだけ。『こんなの、どうするの?』って頭を抱えましたよ、正直。

私がどんな練習を組んだかをお話ししますと、初めに曲を選びます。いろんな曲が途切れることなく流れるようなテープを作るわけです。五〇曲くらい、用意しました。

リンクには、子どもたちが四〇人くらいいて、四五分間ノンストップで踊り続けます。私のミッションは、一人たりともぼーっとしている子を出さないこと。それと必ず、手本を見せました。いいですか、こうやって……」

ルイシキンは立ち上がり、踊り始める。身のこなしが柔らかい。品がある。すっと腕を伸ばしただけで、ダンスになる。太く、丸い指だって、そうだ。舞うようにひらひら動く。

「タッタタッタタッタッタタタ、『ハイ、ドウゾ!』。で、『次はこう』と動いてみせて、それを繰り返します。四五分経つと、皆、汗びしょびしょ。シャツが絞れるくらいでした。

無良(隆志)先生に聞いたのですが、のちに行われたダイエー杯の際、私が指導した子どもたちは非常に目立っていたということでした。

初年度に感じたのは、日本の子どもたちの吸収力です。帰国後、ソ連の子どもたちに指導をしてみたのですが、ものの五分で嫌になりました。伝えたいことが、ちっとも伝わらないのです。

日本の子どもというのは、およそ考えられないくらい素晴らしい存在です。努力もそうですが、指導を直ちに理解し、一瞬でとらえます。振り付けも多くしましたが、すべてを吸収してしまう。

その最大の理由は、費用が必要だったからだと思います。彼らは、機会を逃さず、一刻一秒を惜しみながら滑っていた。意欲が半端ないのです。翻って、ソ連の子どもたちは無料で、好きなだけ指導を受けることができます。その差は大きかったと思います。

ちなみに、都築先生の偉大なところは、日本のさまざまな場所に、私を連れて行ったことです。つまり、『独り占め』を一切しませんでした。

私は何度も言いました。『僕を他の人に見せないで、あなたのところだけの秘密兵器にしておけばいいのに』って。

だけど、都築先生は『いや、日本全国に見せたい。君の指導を浸透させたいのだ』と言う。そういうわけで、私は新松戸だけでなく、いろんな街で指導するようになったんです。

都築先生をはじめ、先生方は皆ビデオを撮っていました。手の動きだけを撮っている方もいましたね。『こういうところを撮りたい』とリクエストされることもありました。

都築先生は、自分が撮ったビデオを教材として、広く活用されていました。私はビデオの出演料として、一〇〇〇ドル（約一四万円）をいただきました。とても、とても嬉しかったです。

最初は私だけの来日でしたが、その後は教え子たちをアシスタントとして同行させました。世界選手権でメダルを獲った選手たちです。

あるとき、日本スケート連盟の関係者に、言われました。『本当は、ソ連の先生なんか招聘したくなかったんだよ。だけど、即興で音楽を表現する全国大会を開催してみたら、君のところで学んだ子どもたちが軒並み主だった賞を獲った』って。

野辺山合宿のとき、その人が子どもたちに質問したんです。『ルイシキン先生に何を学びましたか』。

そうしたら、四歳から八歳くらいのちびちゃんたちが、『フィギュアスケートが美しいものだと知りました』と答えた。私はそのとき、感動のあまり、泣いてしまいました。

すべては、そこから始まったと思います。少しずつ、本当に少しずつですが、間違いなく始まったのです」

話は尽きなかった。「間」のない話し方というのだろうか。ルイシキンは、休まず話し続けている。

彼の後方に、優美な日本人形が並んでいた。けっこう大きなサイズで、ガラスのケースに入っているものもある。彼は嬉しそうに、言った。

「全部、日本から持ち帰ったものです。自分で買いました。これは七ドル、こっちは八ドル。これに至っては三ドルですよ。市民が持ちものを売る蚤(のみ)の市で買いました。値段の交渉をするのが愉快でしたね。楽しい思い出です」

新松戸で、彼は唯一のロシア人だった。誰もが知っていた。

「お土産は、向こうの部屋にも置いています。たくさん、あるんです。日本へは年に三、四回、だいたい四〇回くらい行きましたからね。私は有名人でしたよ」

ルイシキンは、当初はアパートに、都築がマンションを購入してからはそこに住んだ。

「ホテルは高いですからね。アパートを借りる際、都築さんは『掃除とか洗濯はどうする

現役の医師である夫人とふたりで暮らす、モスクワ郊外のルイシキンの家にて。リビングには日本人形など、日本にゆかりのあるものが多く飾られている。

の？』って心配してくれましたが、『大丈夫。自分でできるよ』と言って。結局、新松戸に七〇〇ドルくらいの部屋を借りてくださったんです。

そこで、ソ連の子どもたち（アレクセイ・ティホノフ〈一九七一年生まれ〉やアレクセイ・キリャコフ〈一九七一年生まれ〉といった選手）やアシスタントらと住みました。最後の二年くらいは、都築さんが五部屋くらいあるマンションに移られたので、そこに下宿する形になりました。

長野、大阪、京都などを回っていた頃は交通費もホテル代も食費も、すべて都築さんが支払ってくれていました。本当に、経済的な援助は計り知れません。

繰り返しますが、全部、都築さんですよ。日本スケート連盟ではありません。都築さんが旗を振って、私を、皆を呼んでくれました。ビザの手続きも連盟ではないです。一〇年近くの間、ずっと都築さんがやってくれていました。

どちらかと言えば、管理職の方にいた私を『コーチ』として『生んで』くださったのが都築さんです。真の自分を表現する可能性を与えてもらった。

たとえば、画家が絵を描きたいと思っても、筆や絵の具やキャンバスがない。そこにすべてを与えてくれる人が現れて、絵を描く機会を得る。私にとって都築さんは、そういう人です。ものすごく感謝しています。

都築さんにとっての大きな損失は、モリヤムチックが亡くなってしまったことでした。もし、彼が存命なら、今はぜんぜん違っていたでしょう。良くなっていた。

都築先生には、頼りになる人がいなかった。周りにいたのは、羨望する人たちばかりです。皆が、彼に嫉妬していた。朝から夜まで働き通しだったのに。

都築先生は、朝の六時にリンクに立っていました。四時に起きるんですよ。そして夜の遅い時間まで指導する。睡眠時間なんて、三、四時間しかなかった。

そして、モリヤムチックは東京からオートバイを飛ばして、新松戸に行き、都築先生の後押しをなさっていた。素晴らしい友情でした。ただ一人の理解者でした。

都築先生には、あまりにも多くのやらなければいけないことがありました。リンクを潰さないようにきちんと運営しなければいけなかったし、経済的な心配も大きかったと思います。

そんな状況の中、大勢の人たちに自分の経験を惜しみなく分け与えていました。あとにつなげていけるような土壌を作りあげた。セミナーを開催したりして、日本中に種を蒔いていきました。

都築先生は、日本のフィギュアスケートの発展に多大な功績を残されています。それは誰も否定できないのではないですか。当然ですよね、スペシャリストを招いて、独占することなくシェアしているわけですから。その偉大さは、絶対に誰も否定できないですよ。ただ、私は何度も怒りました。『都築さんがお金を払って、一人で苦労して、私を呼んでいるんだからもったいないよ』って。都築さんの欠点は人が好すぎることです」

ルイシキンは、ちょっと憤慨したように言った。「本来なら、都築さんの銅像を建てて称えるべきなのに、日本スケート連盟はまったく」。

だけど、私は思う。彼だって都築と同類なのだ。渡航の難しい時代、上層部と争ってまで、ルイシキンは「石器時代」の日本にやってきた。

音楽は、ロシアで作って持ってきた。サウンドエンジニアに、自費で依頼をした。プログラムも無償で提供した。一曲や二曲ではない。五〇曲を超える振り付けを行った。こんな人は、ちょっといない。

都築章一郎とヴィクトル・ルイシキン。二人はとてもよく似ている。普通の人間には、真似の難しいことを喜んでする。フィギュアスケートの愛し方が似ているのだ。おそらく。

ルイシキンは続ける。

「都築さんの功績は、とにかく偉大ですよ。ちょっと振り返ってみましょう。

まず、井上怜奈（一九七六年生まれ）がいます。ペアの全米チャンピオンになりました。必ず、書いてください。怜奈は都築先生の教え子です。私もたくさん指導しました。

怜奈は、言ってみれば都築さんの夢を叶えた子です。世界フィギュアスケート史上初めて三回転アクセルスローイングジャンプを行いました。これは都築さんの夢でした。

アレクセイ・ティホノフも新松戸のリンクで育ちました。ティホノフが実際に花開いたのは日本でですからね。彼は二〇〇〇年の世界選手権ペア金メダリストです。

ロシアに栄光をもたらしてくれた選手は、もう一人います。川口悠子（一九八一年生まれ）です。ロシア国籍を取得し、二〇〇九年の世界選手権ペア三位を経て、二〇一〇年のバンクーバーオリンピックで四位に入りました。

それから、最後に奈加子のことにも触れておかなければなりません。都築さんは、私と喧嘩をしたと言いましたね？　それは、まさに奈加子を巡っての意見の相違でした。

　奈加子と初めて会ったとき、彼女は発展途上にありました。まだ、アイスダンスもしていなかった。ぜんぜん何もできていなくて、滑らかさもない。それがわずか二年で、人目を引く美しい子になったのです。私は驚嘆しました。プリンセスそのものでした。フィギュアスケートが、奈加子をそのように花開かせたのです。

　ただ、彼女は自分を信じられなかった。才能の宝庫なのに、自分を正しく評価できない。大馬鹿者です。パートナーにも恵まれませんでした。この点は都築さんのミスだと思います。都築さんには、何度も注意しました。友達だから、言いました。

　たとえば、ニコライ・モロゾフ（一九七五年生まれ。一九九八年長野オリンピックアイスダンス出場、一六位。現在はコーチ、振付師として名高い）は、奈加子をとても評価していました。

　コーリャ（ニコライの愛称）は言っていました。『奈加子は、素晴らしいパートナーだ。喜んで、彼女と試合に出たいと思う。彼女とだったら、何でもできる』。

だけど、都築さんはそれを断ってしまった。実にもったいなかったと思います。奈加子はパートナーに恵まれてさえいれば、絶対に成功できた選手だったのですから。現在の奈加子には、こう言いたいです。『自分の持っているものをすべて活かしきるように。あなたは素晴らしいものを持っている。どうか不当に謙虚にならないで』」

ルイシキンはとにかく、実に、まったく長い話をした（私はまたいつか、彼とソ連とフィギュアスケートの話を書くだろう）。話をするのを楽しんでいるように、見えた。

奈加子への思いは、存分に感じた。だけど、それ以上に、章一郎への思いが深く伝わってきた。

「都築さんには、いちばんに、健康に気をつけてほしいと言いたい。あとは、いかにバトンをつなげていくか。

モロゾフからだいぶ前に聞いたのですが、新松戸のリンクは駐車場になってしまったと。仙台のリンクもつぶれてしまったと。これは、私もすごく残念でした。

新松戸で教えていたとき、都築さんはずっと言い続けていました。『自分も全力を注ぐから、ルイシキンも最大限頑張って、結果を出してくれ。そうでないとリンクがクローズドされてしまう』って。

今日、お話ししてきたことは全部人生についてです。どんなことを心配してきたか。悩んできたか。苦しんできたか。人生って、そういうものですからね。

今、できることなら、私の持っているものをすべて都築さんにあげたい。迷わずに、そうしたいと思います」

ルイシキンは、何も忘れていない。彼らが会わなくなって、二〇年以上が経つ。それでも、かけがえのない友情が、過去と同じような形のまま、結ばれている。

「私は日本のフィギュアスケートに、自分の魂と心を捧げました。あとどれくらい生きられるかはわかりませんが、日本のフィギュアスケートを応援し続けます。死ぬまで、ずっとです」

最後に、日本の現状について訊く。今を想像していらっしゃいましたか。要因は何だとお考えですか。

「まったく想像していませんでした。今の日本のレベルは、本当に素晴らしいと思います。瞬く間に大輪の花を咲かせる植物もあれば、時間を掛けて、少しずつ力を蓄えて、最終的には見事な花を咲かせる植物もあります。

やっぱり、リレーだと思うんですよ。それぞれの世代が、その時々の中で良いものを吸収しながら、どんどん力をつけ、バトンを渡していく。

私がかつて指導した人たちもコーチになって、良い結果を出している。それを大変嬉しいと思っています」

もちろん、羽生結弦についても訊いた。羽生は、都築章一郎の希望であり、生きがいでもある。

ルイシキンは、言った。

「羽生はもう、一つの『現象』です。フィギュアスケートには、数えきれないくらいのチャンピオンがいますが、次第に忘れ去られていきます。

でも、中にはそうならない人もいる。『現象』となって残っていく。歴史にしっかり刻まれる。羽生結弦は、そういうチャンピオンです。世界的な『現象』そのものだと思います。

そう言えば、ラファエル・アルトゥニアン（一九五七年生まれ。アメリカ在住の高名なコーチ。羽生のライバル、ネイサン・チェンらを指導する）から、私の息子が怒られたそうです。五年くらい前の話ですが、『君のお父さんが日本でやった指導がすごすぎて、なかなか勝てないよ。良くないな。なんてことをしてくれたんだ』って」

ルイシキンは笑った。それも、いかにも幸せそうに、だ。

私は、言わずにはいられなかった。日本を愛してくださって、ありがとうございます。お元気でいらしてください。また、お目にかかりましょう。

第五章
都築奈加子は語る

「ルイシキン先生とは、新松戸のリンクで出会いました。私が中学一年生くらいのときです。

私は五歳でスケートを始めたのですが、小学校三年生で一度止めているんです。ルイシキン先生と会ったのは、止めていた時期で、私の身体はぜんぜんできていませんでした。スケートをやっている子には、まったく見えなかった。

父が生徒を紹介したとき、ルイシキン先生は『アイスダンスをやる子はどの子?』、『この子? それともこの子?』って尋ね、最後に目にとまったのが私で、『……ああ、この子なのか……』という感じでした」

そう言って、都築奈加子は、小さく笑った。つぶやくような話し方をする。父、章一郎に似ているのかもしれない。とても、穏やかだ。

「父はリンクでは大きな声を出していましたが、家ではすごく温和で、優しかった。叱られた記憶も、幼いときに一回あるきりです。ただ、一緒に何かをしたという思い出もありません。ほとんどリンクにいましたから、家族と過ごす時間がなかったんです。

とにかくスケートいちばん、子どもたちいちばんの生活でした。リンクで、怒鳴っていたのも、子どもたちを良くしたいという一心だったと思います。

新松戸には母と一緒に住んでいたのですが、父があまりにスケートばっかりなので、私が小学三年のときに東京の家に戻りました。それから父は、ずっと単身赴任でした。

毎日朝四時に起きて、深夜までずっとリンクに立っていました。私は子どもでしたけれど、ものすごく働いているのはわかっていました。一日中働いているイメージです。

どんなに問題があっても、誰も助けてくれない。進もうとしても、皆、ついてきてくれない。それでも一生懸命、黙々と取り組んでいました。絶対に、諦めなかった。スケートに掛ける情熱は、世界でいちばんだと思っています」

章一郎の「徹底して、諦めない」姿勢は、のちの奈加子に大きな影響を与えたと言えるだろう。

彼女は日本で初めて、スケート留学を果たした選手だ。一九九一年にソ連へ行った。つらくなかったはずがない。でも、彼女はあまり「つらかった」とは言わない。「感謝している」とは、何回も言う。両親に向けて、それから、ルイシキンをはじめとする指導者に向けて。

奈加子の留学先での姿勢はひたむきで、貪欲だ。一生懸命なところも、父親とよく似ていると思う。ただ、それを綴るのはもう少しあとだ。話をいったん、幼い日の出会いまで戻そう。

ヴィクトル・ルイシキンは現在も、奈加子のスケート人生の中心的な位置にいる。決定的な影響力を持った。

「ルイシキン先生と会わなかったら、私はアイスダンスをやっていません。温かくて、すごく優しい先生でした。いちばんの恩人です。

音楽とスケートを一体化させる大切さ。ジャンプだけではない、スケートの技術。スケートそのものを教えてもらったと思っています。

先生はメソッドをすごく意識して、父や私に伝えようとしていました。『選手を育てるためには、優れたメソッドがなければいけない』、『世界チャンピオンになった選手は、これこれこういうことをしてきたから、勝てたんだ』。持っているものを惜しみなく、分け与えてくれたんです。心から、感謝しています。

実は、私はスケートより勉強の方が好きでした。でも、教えてもらっているうちに『アイスダンスをやりたい』と、強く思うようになりました。先生に誘われたんです。世界選手権に出場できたのも、ルイシキン先生がいたから。先生が連れて行ってくれたと思っています」

実際、奈加子はみるみるうちに頭角を現した。ルイシキンにはこう言われた。「君がいちばんきれいだよ」。

「本当にきれいだったのかどうか。基礎ができていないのは、先生がいちばんよくわかっていらした。それでも、ずっと『きれいだよ』と言い続けてくれて……。やっぱり嬉しかったです」

中学三年生まで、彼女は新松戸で練習を重ねた。都内の自宅からリンクまで電車で二時間の道のりだった。車内では勉強に励んだ。中学を卒業するまで、学年三番以内を保った。スケートと勉強しかない毎日だった。それで満足だった。楽しかった。

そして、一六歳の夏が来た。彼女はソ連に赴く。ルイシキンの家に下宿し、リンクに通うのである。

「モスクワにある、システムがしっかりしているリンクでした。今で言えば『サンボ70』

のような感じの。

氷上練習、次はバレエ、その次はトレーニングっていう流れが、きちんとでき上がっているんです。そこに入れたのは、ルイシキン先生の力だったと思います。

朝、起きて食事をして練習に行って、帰ってきて食事をして、また練習に行く。そんな毎日を過ごしました。不思議に、ルイシキン先生とは言葉が通じて、日常生活には困りませんでした。

昔、父が感じた『衝撃』も受けませんでした。新しいことを学びたいという一心で、不安も一切感じなかった。チャンスだと思ったのを覚えています。とにかく、楽しくて楽しくてたまらない」

それが一回目の「夏」だ。次の夏は、トライアウト（パートナー選び）のために出かけた。そこで、ロシア人パートナーが決まる。

奈加子の相手は、ジュニア世界選手権三位の男子選手になった。コーチは、ナタリア・ドゥボワ（一九四八年生まれ）である。

彼女は宿舎に寝泊まりした。机とベッドがあるだけの狭い部屋だ。シャワーはついていない。共用のシャワーは、水だった。

日曜日は休日だったが、外には出なかった。郵便局にはときどき出かけた。周囲には日本語のわかる者は、いなかった。英語は、奈加子の方が話せなかった。ひと夏中、ほとんど何も話さなかった。

苦く笑って、彼女は言った。

「もちろん、苦労はしました。パートナーは一流のエリート選手で、スパルタ教育を受けて育っている。でも、私はそうではなかった。

最初は、あまりにレベルの差があるから、乱暴に投げられたりしました。リフトの上がり方とか降り方とか、空中での私の姿勢が悪かったからだと思いますが、投げられました。シビアな言葉を使われたりもしました。向こうは、スケートのレベルで人間のランクが決まるので。

彼に追いつくまでは、相当努力が必要でした。人の三倍、練習しました。他の人が帰ってからも、ずっと滑っていました。

言葉の壁もありましたし、文化の壁もありました。苦しい思いをしたのは事実です。母との電話ではよく泣いていました。

それでも、帰りたくはありませんでした。アイスダンスは、日本ではできない。そういう環境がない。日本に帰るときはアイスダンスを止めるとき。それがわかっていたので、絶対に帰りたくないと思っていました」

一日は、こんなふうに過ぎる。午前一〇時から一二時まで氷上練習。昼食、休憩を挟んでバレエを一時間、続けて午後の氷上練習が二時間。筋力トレーニングをして終了。

奈加子はこれに、一時間の自主練習を重ねた。

「ナタリア先生がリンクを個人で三時間くらい確保していたんです。その時間は、オリンピック選手が練習していました。そこに交ざって、滑りました。

先生からは、『基礎ができていないからまっすぐ滑る練習を一時間、一人でやりなさい』と指示がありました。だから、他の人が難しい技術をやっている傍らで、ひたすらまっすぐ。

パートナーも、『基礎をもっと練習してくれ』って言ってました。『下手な人とはやっていられないから、上手になったら組んであげるよ』という雰囲気だった。

ロシアでは、才能のある子だけが励まされる。そうでない子には、すごく冷淡な対応をする。失敗すれば、それで終わり。そこから引き上げようとはしないんです」

スケジュールやヒエラルキーを巡る証言は、アレクセイ・ミーシンやヴィクトル・ルイシキンの語る「ロシア」を、想起させる。そして、やはりサンボ70を思わせた。厳格な体制こそ、ロシアの伝統なのだ。時代が流れても、彼らの「文化」は頑(かたく)なに守られ続けている。

奈加子は話を続ける。

「夜はさすがに疲れました。くたくたで、何も食べられなかった。お昼もあまり食べていなかったと思います。パンとサラミを少しみたいな感じで。

美を追求する競技なので、やっぱり皆、細くありたい。またそうでないと動けないんです。練習も、身体のラインがはっきりわかるコスチュームでやっていました。

女子選手は夜になると、先生の部屋に体重を量りに行っていました。それくらい、厳しく管理されていた。私は有力選手ではなかったので、そこまで要求されませんでしたけど」

彼女は、今度は朗らかに笑った。どことなく楽しそうだ。

「当時、私はすべてに劣っていたと思います。まず体型から違う。向こうでアイスダンスをやる人は、十頭身みたいな人ばかりなんです。そのくらいじゃないと、アイスダンスの選手には選ばれない。

向こうの選手は、自分で何をやるかを決められなかった。コーチに『シングル』、『ペア』、『ダンス』って、振り分けられるんです。

顔の美しさも、アイスダンスの条件かもしれません。表現を勉強していくうちに、顔の表情はどんどん美しくなっていきます。

メイクアップも学びます。私は『目が細い』と指摘されたので、少しでも大きく見えるよう工夫しました。あとは一生懸命、目を見開いていました。

何事にも、本当にシビアなんですよ。でも、だからこそ、負けるものかと思えた。『よし、上手になってやろう』と思えたんです。

実は私、基礎のスケーティング、単調な練習が好きでした。つらいと感じる人もいるでしょうが、私は面白いと思ってやっていました。自分でも、変わっている子だったとは思います」

笑顔の彼女に訊ねる。あなたが一〇代半ばでやっていたこと、たとえば「一人で二時間まっすぐ滑る」を、現在の日本の少年少女は受け入れると思いますか。

「やらないでしょうね。やらないですね。きっと、やらないと思います」

それが答えだった。時も背景も国も違うから、決して、ひとくくりにはできない。だけど、彼女が学ぼうとした道の険しさはわかる。伝わってくる。

私は続けて、「人の三倍の努力」が実を結んだと思うかと訊いた。

「……と、思います。バレエ的なものは身につけられたので」

ちょっと間を置いて、彼女はそう答えた。

都築奈加子は、一九九四年に全日本選手権で初優勝する。現役でいる間に六回優勝し、二〇〇六年に引退した。ロシア人と組んでいたため、オリンピック出場は果たせなかった。二度、機会を逃した。

ロシアは、大きなものを奈加子に残した。彼女は、日本フィギュアスケートにおけるパイオニアの一人だ。十分に「異端」の道を歩いたと思う。むろん、父、章一郎ほどではないにしても。

さて、ここからトーンがちょっと変わる。重鎮の絡む話をする。フィギュアスケートに関わる人間で、彼女の名前を知らない者はいないだろう。タチアナ・タラソワの話だ。

タラソワの話をしたって、別に唐突でも、不自然でもない。彼女は今でも、奈加子を「私の子」と呼ぶ。

一九九一年一二月のソ連崩壊後、コーチの一部は海外に拠点を移した。ソ連時代にあった手厚いサポートがなくなった。自由に国外に出られるようになった。そういうことが影響している。要するに、海外に新しい職を求めたのだ。

それに伴い、奈加子も拠点を移す。一八歳から二五歳までをアメリカで過ごし、二六歳から二九歳までをフランスで過ごした。その間、コーチやパートナーが、何度か替わった。その一人が、タチアナ・タラソワだったのである。

「きっかけは、私たちが三位になったジャパンオープンでした。そのとき優勝したカップルから『タラソワ先生を紹介するよ』と言われて。私が二一歳のときです。

タラソワ先生は、本当に偉大すぎるほど偉大な先生で、まさか受けてもらえるとは思っていませんでした。指導されていた選手も、世界のトップクラスばかりでしたし。アレクセイ・ヤグディンとか、シェイリーン・ボーン（一九七六年生まれ。二〇〇二年ソルトレイクシティオリンピック、アイスダンス四位。現在は、振付師として世界的に活躍）の組とか。ものすごく豪華な顔ぶれでした。

アシスタントとしてニコライ・モロゾフも働いていました。彼とは一七歳のとき、トライアウトをした。でも、私が選んだのはジュニアで結果を残している人でした。『上手になったら組んであげる』と言った人。

モロゾフも、タラソワ先生のもとで学んだからこそ、トップコーチになれたのだと思います」

普通なら、気後れして諦めるところだ。でも、奈加子は諦めなかった。足踏みをしていたら、前に進めない。このあたりは、章一郎に似ている。

「パートナーが緊張で震えながら電話をすると、タラソワ先生は『いいわよ、引き取っても』と仰った。私たちのことも『日本人とロシア人が組んでいる、バレエ的なきれいなカップル』というふうに覚えていてくださってました。
ただ、この件では、前の先生にずいぶん失礼なことをしてしまいました。前の先生だって、私たちにはもったいないくらいの先生だったのに裏切る形になってしまった。今も、申し訳なく思っています」

奈加子はそれから、アメリカ、コネチカット州の州都ハートフォードに居を移した。タラソワは、そこにいた。大邸宅に住んでいた。

タラソワの存在は、よほど大きかったのだろう。声が大きくなる。奈加子はしばらく、幸福な思い出について語った。絶讃に近い話だ。

「タラソワ先生は、とても器の大きな方です。情熱的で頭がいい。芸術家でもある。指導も、他の先生方とはまるっきり違いました。比べものにならない。足りないところをパパッと仕上げてくれるんです。

すでに一流の選手をさらに引き上げるのだから、レベルが違いますよね。オリンピックのメダルを獲らせるための指導をするのが、タラソワ先生なんです。

厳しい指導をされますが、私は厳しくしてもらえるのがありがたいって思っていました。

それに、私は一度も怒られませんでした。同じことを何度も言われないように、気をつけていたからかもしれません。

逆に、パートナーはだいぶ怒られていました。口調も彼には厳しかった。人によるのだと思います。

タラソワ先生は、自分が何を伝えようとしているのかを察知できる人じゃないと、『馬鹿なの？』、『さようなら』みたいになってしまう。だから、冷たいと感じていた人もいると思います。

先生は頭の回転が速い人が好きでした。ヤグディンと良い関係だったのも、彼がすごく頭の回転が速い人だったからじゃないかな。もちろん、才能も素晴らしい人でしたが。

私にとって、タラソワ先生は芸術を教えてくれた人です。彼女は、生徒たちの恋の話もよく知っていましたよ。『恋をしなさい』とも言っていました。スケートには恋があった方がいい、それがスケートを充実させるのに必要とわかっているから。

表現の深みを出すためには、人を愛することを知らなければいけない。痛みでも、苦しみでもいい。それが表現力につながっていく。乾いた音楽表現では、人を感動させることはできない。私もそう考えています。

タラソワ先生は素晴らしかった。素晴らしい指導をしてくださったのだけれど、私たちが未熟で、結局、順位を上げることができませんでした。

問題は、私たちにありました。タラソワ先生には、感謝しかありません」

アメリカから帰国して半年後、奈加子はフランスへ発った。ロシア人パートナーとはペアを解消した。日本人パートナーとオリンピックに挑戦したいと思った。だが、結果は出なかった。いちばんの理由は、椎間板ヘルニアだろうか。酷い痛みに見舞われた。スケジュールの半分もこなせなかった。頻繁に病院に通った。そして、初めて諦める。これ以上はできない。スケートを止めよう。


「背中が痛くて、思うような練習ができなくなった。もう無理なんだとちゃんとわかりました。結果を出せなかったのは、すべて自分の責任です。得がたい経験をさせてくれた父には、言葉に尽くせないくらい感謝しています。

後悔があるとすれば、一人の先生と最後までやりきるべきだったかなと……。パートナーも、そうです。もし、最初のパートナーとそのまま組んでいれば、世界で一〇位以内に入れたと思います。次のパートナーとでは難しかった。だけど、そうしていたらタラソワ先生に会えなかったし、フランスのスケート事情にも触れられなかった。人生、堂々巡り。へたくそですね、私」

と、奈加子は言った。声は元通り、小さくなっている。だけど、とくに落ち込んでいるわけではない。遠慮がちな話し方の方が、いつもの彼女だった。

「へたくそ」かどうかは、私にはわからない。彼女は現在、コーチとしてリンクに立っている。判断を下すには、まだ早すぎる。人生は、これからだ。

都築奈加子は二〇一九年三月、タチアナ・タラソワと再会した。埼玉で開催されたフィギュアスケート世界選手権でのことだった。

「まったくの偶然。まるで神様が用意してくださったかのよう。

私の席はＩＳＵ（国際スケート連盟）の隣だったんですが、後方から『アーッ！』という声が聞こえてくる。『試合中なのに、うるさい人がいるなあ』と思っていたんです。

で、休憩時間に知人のところへ挨拶に行ったら、すぐ横にタラソワ先生が座っていらした。『うるさい人』は先生でした。かなり情熱的に解説をされていたみたいで」

タラソワは奈加子を抱きしめて、言った。「あなたが今、シングルの選手を教えていることをとても嬉しく思っているわ」。

「私が、世界ジュニアに選手を出しているのをご存じだったんです。『ロシアにいらっしゃい』とも仰った。嬉しかったです。本当に運命のようでした」

タラソワは章一郎の様子を訊ね、あまり元気がないと知ると、言った。

「ミーシンとタマラ（モスクヴィナ。一九四一年生まれ。アレクセイ・ミーシンと組み、一九六九年、アメリカ、コロラドスプリングス世界選手権銀メダル）は、今も手をつないで滑っているから、お父さんにも『頑張れ』って伝えてちょうだい」

第六章
タチアナ・タラソワは語る

タチアナ・タラソワは、自宅にいた。前庭に面した、広いベランダの赤い椅子に座っている。足元に茶色のトイプードルが愛らしくまとわりつく。ときどき、タラソワが、「シューラ！」と短く言う。犬は、それでしばらくおとなしくなる。

彼女が住んでいるのは、瀟洒(しょうしゃ)な館だ。木々の緑が、風にひらひら揺れている。花々が溢れるように咲いている。館は、ため息を吐くくらい美しかった。

「この家は、私が自分の力で建てたの。全部、そうよ、自分の好きなように。まあ、間違えたところもあるけれど」

と言い、彼女は笑った。

持ってきていた何枚かの写真を見せると、タラソワは声を上げた。

「おー、奈加子。懐かしい。懐かしい。これは現役の頃の写真ですね。素敵な写真をありがとう。本当に嬉しく思います。

埼玉で彼女と会いましたよ。世界選手権の会場で、です。会うたびにハグをして、キスをしました。娘のように接してきた子ですからね。

彼女は芸術的で、とても素晴らしい子でした。音楽を心で感じることができる。『こうしてみなさい』って言うことは、何でもすぐに吸収して再現することができました。

才能に恵まれていただけじゃなく、非常に優れた柔らかい脚を持っていました。日本人は一般的に優れた膝を持っているのですが、奈加子の膝は絶品でした。呼吸する柔らかい膝です。

自分の資質の中で、私がいちばん誇りに思っているのは、人の『個性』を引き出して、花を咲かせることができるという点です。とても難しい課題ですが、私は常にそれに向き合ってきました。自分にはそれができると自負しています。

私は奈加子の才能を見て見ぬふりをできませんでした。才能を見つけたら、通り過ぎることができないのです。

彼女はパートナーに恵まれていたら、間違いなく結果が出ていました。スターになれたと言いきれます。もちろん、オリンピックにも出場できていたでしょう。

当時のパートナーには、厳しく注意しました。顔はすごくハンサムでしたが、怠け癖があったのです。まったく、あの子があんなに怠け者でさえなかったら。

私が日本人だったら、奈加子をもっと使っています。今頃は、引っ張りだこになっていてもおかしくないと思います。たくさんのことを知っていますし、素晴らしい基盤を持っています。スケーティングも上手ですし……、ただ、なんと言えばいいのでしょう。彼女は本当に、とても謙虚な人なのです。

日本では、アイスダンスはメジャーではありません。だけど、国別対抗のチーム戦があるのだから必要です。日本スケート連盟はきちんと力を注ぐべきだと思います。

中国はもう始めていますよ。目立ち始めています。日本にも、それを根づかせる土壌は十分にあるはずです。ジャンプを跳ばない、スケーティングがきれいでスピンを回れる、のっぽの男の子たちがいるのだから。

埼玉で会ったとき、奈加子は、お父さまがそろそろ引退すると言っていました。だから、私は言ったんです。『今度はあなたが、頑張る番よ』って。彼女だったら、すぐに本格的なスタートが切れます。

私は、奈加子に偉大なコーチになってほしい。心から、そう願っています」

タラソワは「ジャンプを跳ばない、スケーティングがきれいでスピンを回れる、のっぽの男の子たち」について、それ以上の情報は持たなかった。だから、名前はわからない。

ただ、希望はある。彼らはいるのだ、日本に。

ベランダの壁には、フィギュアスケートの絵画や写真が飾られている。書斎にも居間にも、飾られている。世界的な著名人、たとえばピアニストとかバイオリニスト、歴代のロシア大統領らとの写真も並ぶが、圧倒的にフィギュアスケートの写真が多かった。タチアナ・タラソワは、話を続ける。人生についての話をする。尊敬と敬愛を集める彼女はどう生きてきたのか。

「私は大きな経験を持っています。コーチを始めたのが一九歳のときでしたからね。力と意欲がありました。自分が選手として伝えきれなかったことを、教え子を通して伝えたいという思いでいっぱいでした。

これは驚きでもあり、誇りでもあるのですが、私は最初から間違えませんでした。モイセーワ（イリーナ。一九五五年生まれ。ミネンコフとのペアで一九七六年インスブルックオリンピック、アイスダンス銀メダリスト、一九八〇年レイクプラシッドオリンピック、アイスダンス銅メダリスト。一九七五、一九七七年世界選手権優勝）とミネンコフ（アンドレイ。一九五四年生まれ）に会った瞬間、彼らが世界チャンピオンになると思いました。二人は、まだ一二歳と一三歳だったのですが。

教え子たちは、大変だったと思います。負担（練習量や練習時間）が大きかった。私は要求したことを彼らがやり遂げるまでリンクから離れませんでした。彼らがリンクから出るのも、絶対に許しませんでした。

それでも、教え子たちは耐え抜いてくれました。そして、皆、偉大なチャンピオンになったのです。

私は、もしその人に『勝つ才能』があるならば、負けてはいけないと思っています。二位になってはいけないのです。私は父（アナトリー・タラソワ。一九一八〜一九九五年。ソ連のアイスホッケー指導者。オリンピック三連覇を達成し「ロシアホッケーの父」と称される）に、そう教わりました。

非常にハイレベルな闘いですから、ものすごく大変でしたが、失敗はしなかったと思っています。一生懸命やりました。

私は自分の価値をよくわかっています。どんなことができるのかも知っています。たくさんのことができます。私は働くことが大好きなんです。とても忍耐強いです。持久力があります。一四時間くらい通して、仕事をしていたこともあります。要するに、ワーカホリックですね。

芸術を生み出す上で、私がもっとも大切にしているのは音楽です。音楽に合わせて、変容、表現すること。音楽を読み解くということ。音楽を解釈するのは簡単なことではありません。大変な作業です。

私は、『音楽』と芸術的なイメージを創ります。圧倒されるような技術の力を借り、何ら障害のない形で、踊りという『言語』を使って語る。音楽という言語を使って語る。それが、私のフィギュアスケートです」

この日、タラソワはたぶん疲れていた。彼女は昨夜、ドイツから帰ってきたばかりだった。片づいていない荷物のことを、ちょっと気にしていた。

でも、とにかく、精力的に話し続けた。携帯に電話が入ったときと、「お茶を召し上がれ」と勧めてくれるときと、犬を叱るときくらいだ。話を止めたのは。

「コーチとして五〇年以上の経験がありますが、コーチ人生の後半にシングルの子たちを教えられたのも、私の大きな喜びでした。

日本の選手で言えば、荒川静香がいます。彼女とは世界選手権を一緒に勝ち抜きました。トリノオリンピックの二ヶ月前に去って行きましたが、チャンピオンになるチャンスがあるのはわかっていました。それまでハードワークを重ねていましたからね。

それから、浅田真央。私は、彼女と練習するのがとても好きでした。五年もいたので、たくさんのことができました。練習を重ねるうちに、音楽に生きて、フィギュアスケートを生きるようになりました。単に滑って跳ぶというのではなく、魂を感じられるようになったのです。

もし、私たち二人だけだったら、あんな負け方はしなかったと思います。私は真央とオリンピックを勝ち取りたかった。それができたはずでした」

タラソワは、憤りを隠さなかった。表情が険しくなった。言葉に怒りを感じた。二〇一〇年、バンクーバーオリンピックについての話を、した。

浅田真央はバンクーバーで、女子選手として初めてショート、フリー合わせて三本のトリプルアクセルを成功させた。ただ、金メダルには届かなかった。後半のジャンプ（フリップとトゥループ）にミスが出て、二位になった。試合後には、こう話している。「トゥループのときは、もうけっこう脚にきていた。いつもだったら跳べたのに、エッジが取られたような感じになってしまった」。

タラソワの話は、こうだ。

「たしかに難しいオリンピックではありました。アウトエッジに問題があり、カウントされないエレメンツがあった。つまり、ルッツを使えなかった。

なので、私たちは冒険に出ました。フリーにトリプルアクセルを二本入れるという選択をしたのです。それ以外、打つ手がありませんでした。そして、やり遂げられるはずでした。

失敗（二位）に終わったのは、日本スケート連盟に邪魔をされたからだと思っています。彼らは、私が必要とした形で練習するのを邪魔しました。

オリンピックの際、最後の数日に掛ける負担の責任を取るのはコーチです。ところが、連盟はもう一つ練習を入れようとした。どうして、あんなふうに私の仕事に割り込んできたのか。今でもわかりません。

朝、真央はとてもハードで、いちばん重要な練習を行いました。完璧でした。すべてを成功させました。この練習は感情面もハードで、とても消耗したと思います。本当に、すごく良い練習でした。

それなのに、本来、何の責任も持たないはずの人たちが、夜にも練習させると決めてしまった。朝の練習だけでは足りないと判断して。

私は夜の練習に真央を行かせるつもりはありませんでした。体力を温存させなければならないからです。

連盟から頼まれて、私は断りました。また頼まれて、また断りました。さらにもう一度頼まれて、今度は『どちらにしても、真央は参加させる』と言われたわけです。

私は彼らに言いました。『夜の練習に行かせたら、絶対に転び始める。そうなったら、台無しになる。そんなことをさせてはいけない』と、強く」

だけど、結局、浅田は夜練習に参加した。タラソワは「もちろん」付き添った。コーチとして、責任があったからだ。

「私は彼女を放り出すことはできませんでした。そんなことは人間としてできません。でも、そのとき、心の中で自分に言い聞かせていました。『真央のトレーニングをするのは、これで最後だ』。そういうわけで、続く世界選手権には同行しませんでした。

どうしてかと言うと、私をコントロールするのは許されないからです。コーチは、選手をスタートラインに着かせるための全責任を負っている。私は、そのコーチでした。

もし、夜練習に行かなければ。あのような形で邪魔をされなければ。私たちはフリーで負けなかったでしょう。トリプルアクセルは二本ともカウントされていたのですから」

当時、浅田真央の金メダルを願っていた人は大勢いた。私もそうだ。心から願っていた。だから、タラソワに言った。

「お話を伺って、とても残念です。失礼いたしました」

彼女は、ぴしゃりと言った。

「彼らは、プロフェッショナルではありませんでした。失礼だったのは言うまでもないことです」

でも、それで終わりだった。憤りは消え、温かい人に戻った。口元に微笑みが浮かんでいる。都築奈加子が話していたのを思い出す。「タラソワ先生は、本当に優しい人」。

私は訊ねる。現在の日本の状況について。シングル強化の成功について。どうお考えですか。

「ロシアと日本は同じような状況だと思います。多くのアイスショーがあります。芸術とスポーツの融合、音楽と踊りの美しさは、やはり人々を魅了するのです。ザギトワにもメドベージェワにもリプニツカヤにも、たくさんのファンがいます。

（引退していた）リプニツカヤは、日本のショーに出演しました。日本の方々が、彼女を氷の世界、フィギュアスケートに呼び戻してくれたのだと思います。そして、そのことに、とても感謝しています。リプニツカヤが、自分の芸術に戻ってきた。本当に、素晴らしいことです。

日本のシングルが成功したのは、日本人が努力家だからです。体型的なプラスもあります。痩せていて、コンパクトで、非常に軽やか。凹凸が少なくて、脚も長すぎない。それって、すごく重要なことです。ジャンプにとても影響します。

羽生結弦を見てご覧なさい。余計なものは一切、ついていません。一〇グラムたりとも、余計な肉がついていないじゃありませんか。

要するに、選手の努力、良いコーチ、体型のプラス要素、そういうものがすべて重なって、現在の状況を生んでいるのだと思います。私はいつも言うのですよ。『勝つためには、少し日本人でなければならない』って。

そう言えば、ロシアの選手たちは、もうロシア料理を忘れているでしょうね。すっかり日本食になじんで、まるで日本で生まれ育ったよう。ロシア人は皆、和食が大好き。嫌いな人なんていません。私も大好きです」

そう言って、タラソワは笑った。それから、羽生結弦の話をする。彼女は、「彼が滑っているときは、呼吸をするのを忘れる」と言った。

「羽生を見た瞬間、すぐに偉大なチャンピオンになるとわかりました。

私の教え子、マキシム・コフトゥン（一九九五年生まれ。ロシア選手権三連覇を含め、四回優勝）が質問してきたのを覚えています。『なぜ、先生はそんなに感激しているんですか？　どうして彼が偉大なチャンピオンになると言うんですか？　僕にはそんなこと言ったことがないのに』って。

羽生には、豊かな才能があります。神によってもたらされたものが、です。性格もそう。子どもによっては、初めからすごく負けず嫌いな性格を持っている。

たとえば、アレクセイ・ヤグディンは理想的でした。競うことが好きでたまらなかった。試合が好きでしようがなかった。試合をまったく恐れませんでした。羽生も同じですね。見るからに性格が強い。

その上、羽生はものすごく練習をする。気を失うくらいしている。スケートをすることで、彼自身が多大な喜びを得ているのです。

身体が疲れないという意味ではありませんよ。疲れるのだけれど、その疲労について考えないでいられる。なぜか？　目標に達すること、前に進むこと、上に昇ること。それらが、彼を絶大な幸せに導いているからです。

私は完全に、羽生に魅了されています。まるで麻酔をかけられたように、身動きが取れないのです。食い入るように見つめるしかない。私にとって、彼はそんな存在です」

むろん、四回転半アクセルについても、訊かなくてはならない。成功させられるとお考えですか。

「四回転半アクセルの成功より、怪我(けが)をしないでいてくれる方を望みます。残念ながら、彼は、非常に厳しいぎりぎりのところを進んでいます。

羽生は、新しいことをどんどんやろうとしている。偉大なコリオグラファーから素晴らしいプログラムを得て、偉大なコーチと共にトレーニングをする。それが彼を特別な人気者にしている。

今やもう羽生結弦なしのフィギュアスケート界は考えられない。彼は偉大な『個』になっています。そして、すべてのチャンピオンがそうした存在になれるわけではないのです」

タチアナ・タラソワは、オリンピックチャンピオン、世界チャンピオンを何人（何組）も世に送り出してきた。文字通り、偉大な指導者である。その彼女にとってさえ、羽生は「見つめるしかない」存在なのだ。改めて、思う。羽生結弦は日本が世界に誇る宝だ。

「ただ、私は決して、挑戦が悪いことだとは思っていませんよ。

今、サンボ70では女の子たちが皆、四回転を跳んでいます。エテリ・トゥトベリーゼ先生は、本当に素晴らしい。はるか先、地平線を見て計画を立てています。

コーチ業にとって、『時代の先を行く』ことがきわめて重要です。彼女くらい、上手にコーチをできる人は、世界中を探してもいないでしょう。だから、彼女のところには、神童があんなにたくさんいるのです。

エテリ先生は朝から晩まで働き詰めです。倒れそうになるまで努力しています。そうやって、努力の必要性を示しているのです。自ら、手本になっている。見ている教え子たちは手を抜けません。死にものぐるいで、努力するのです。

エテリ先生を尊敬します。コーチとしての本物の才能に、驚嘆しています。私は、人に嫉妬することがありません。成功を勝ち得た人間なので、他の人の仕事を正しく評価できるのです。

ところで、女子ショートに四回転が使えないというルールは間違っています。男子が跳んでよくて、女子がいけないというのはおかしい。ルール上のミスです。

今時、こんな野蛮なルールがまかり通るなんてあり得ません。限界を作ってはいけない。発展の邪魔をしてはいけない。最終的には修正されると思いますが、すべてにおいて、『無理やりに抑えてはいけない』のです」

と、タラソワは話した。

取材の最後に、彼女のこれからについて訊ねた。輝かしい足跡を残し、名誉を手にした

モスクワの閑静な住宅街にあるタラソワ邸。仕事場では、多くのCDから選曲を行う。部屋には、オリンピック出場時のイリヤ・クーリックの衣装なども飾られていた。

指導者は、どこへ向かうのか。タラソワはゆっくり、静かに答えた。

「……そうですね。お話しするのが恥ずかしいのですが……、私はベースとなるリンクを持っていないので、コーチとして働くことができないんです。

それがどうしてなのか、自分でも答えを出せないでいます。もしかしたら、外国人を教えすぎたのかもしれないですね。

ロシアの連盟は『全ロシア強化チームのコンサルタント』という役職を与えてくれました。ただ、私の本職は、やはりコーチ業だと思っています。

コメンテーターとしても働いていますが、それも本当にやりたいことではありません。つらい時期ではあります。違う職業に就いているのですから。

皆が、私の勝利に飽き飽きしているのはわかっています。それがたくさんの人の気持ちを逆なでしているのです。嫉妬も、おそらくあると思います。『目の上のたんこぶ』みたいに」

タラソワの顔は、かなり疲れて見えた。私たちは、三時間も話をしていた。切り上げようとするたびに、彼女は「まだ、大丈夫よ」と言った。

取材は友好的に進んだと思う。タラソワは考えていた以上に、フランクだった。何度も、美しく笑った。彼女が笑うと、周りは華やかになった。

一方、彼女には威厳があった。迫力もあった。「ベースがない」話のときも、そうだ。何かに屈する気配がなかった。成功者の孤独は伝わった。その上で、私は思う。誰もが国家的な「目の上のたんこぶ」になれるわけではない。ある意味、それは賞賛なのだ。だいぶ特殊な。

「私の性格は直線的で、自分がこうだと思ったら、それを曲げることはしません。妥協ができないのです」

タチアナ・タラソワは、これからもそういう生き方を貫いていくのだろう。まっすぐにしか生きられない人が、世の中には少なからずいる。頑固で魅力的な人たちが、だ。

話をすべて終えると、タラソワは言った。

「さあ、甘いものを召し上がれ」

終章

都築章一郎は三たび語る

アレクセイ・ミーシンは、羽生結弦をとことん褒めた。

「そうですね、彼はすごく良い子です。もうスーパーに、ウルトラ良い子です。本当に、本当に良いです。両手を上げるくらい、完璧です。天性のものを持っています。エッジワークも素晴らしい」

老雄、ヴィクトル・ルイシキンはこう言った。

「フィギュアスケートには、数えきれないくらいのチャンピオンがいますが、次第に忘れ去られていきます。でも、中にはそうならない人もいる。『現象』となって残っていく。歴史にしっかり刻まれる。羽生結弦は、そういうチャンピオンです」

タチアナ・タラソワは、完全に魅了されていると話した。

「まるで麻酔にかけられたように、身動きが取れないのです。食い入るように見つめるしかない。私にとって、彼はそんな存在です」

羽生結弦は一九九四年、宮城県仙台市に生まれた。フィギュアスケートは四歳で始めた。高い技術と豊かな芸術性を誇る選手だ。眉目秀麗で、強い気持ちを持っている。

二〇一四年ロシア、ソチオリンピック、二〇一八年韓国、平昌オリンピックで、六六年ぶりとなる二連覇を達成した。むろん、絶大な人気を誇る。

彼は日本の成功の象徴であり、証でもある。二〇一八年に、二三歳（個人としては、史上最年少）で国民栄誉賞を受賞している。

羽生結弦は、都築章一郎の教え子だった。小学校二年生から師事している。二〇一二―二〇一三シーズンに拠点をカナダ、トロントに移すまで、彼らの関係は続いた。カナダに渡ってからも、折に触れ、会っている。たとえば、羽生の出演するアイスショーに招かれたりして。

都築が見せてくれた写真の中には、幼い羽生が跳びはねるような様子で写っている。ピースサインをして、笑っている。エフゲニー・プルシェンコに似せたマッシュルームカットにしている。常に、都築の傍らにいる。

都築奈加子が、笑いながら話す。

「初めて、結弦くんに会ったのは仙台のリンクでした。父が嬉しそうに、紹介してくれました。『この子は、オリンピックの金メダルを獲るんだ』って。

でも、結弦くんはまだとても小さくて、おしりの周りをぐるぐる回っているだけ。『えーっ、このキノコカットの子が？』って思ったのを覚えています。

だけど、父は真剣でした。固くそう信じていました。結弦くんが、どんなに素晴らしいかを、当時から熱心に語っていました。私、思うんですけど……」

結弦くんがどう思っているかはわかりませんけどと断って、奈加子は続ける。

「父は、『スケーターとして立派になるには、人として立派でなければならない』ということを、結弦くんにも教えていると思うんです。ほんの小さなときから、きっと。だから、もし、結弦くんが他の先生と出会って、ノービス時代を過ごしていたら、今は少し違っていたのかなって。父は本当に一生懸命、結弦くんと向き合っていました」

それから、奈加子はもう一度繰り返した。結弦くんがどう思っているかはわかりませんが。

羽生の「今」は、変えようがなかったと私は考える。彼は、見る者を圧倒する。まるで、スケートをするために生をうけたかのようだ。大輪の花を咲かせるのは自明であったろう。ただ、それも、幼少期の幸運な出会いがあってこそだ。良き方向に導かれたのは間違いない。ルイシキンが奈加子に「君がいちばんきれいだよ」と言い続けたように、都築は羽生に言い続けた。「オリンピックで頑張ろうね」。繰り返される言葉が、幼い彼に夢を与えた。支えとなる自信を与えた。想像に難くない。

タラソワは、「最初のコーチが誰になるかは、とても重要です」と言っていた。羽生結弦にとって、それが都築章一郎であったのである。

「私がダイエーに入社して八年目だったと思います。仙台にスケート場（泉DLLアカデミー）を作ることになりました。二号店として、新松戸と同じシステムでスケート教室を開校（一九八九年）させていただいたのです。

そこには当初、長久保裕を責任者として送りました。教え子が先生になって、そのまた教え子が先生になる。そういう形が、この頃にできつつありました。長久保は仙台で、本田武史と出会っていますからね。

私が仙台に行ったのは、新松戸のリンクが閉鎖になったからです。経営的な不振が原因でした。

新松戸でダイエーの果たした役割には大きなものがあります。日本のフィギュアスケートの根っこでした。さまざまなメソッドが、新松戸から多方面に波及していった。これは、紛れもない事実です。

まあ、そういうわけで、私は仙台で羽生と出会うことになりました。コーチの一人が北海道に行くことになり、『面白い子がいる』と紹介されたのです。

その時分、羽生はごく普通のやんちゃ坊主でした。技術的にはまだぜんぜん。シングルアクセルをやっと跳んでいるといったレベルだったと思います。

羽生は初め、さほどスケートが好きではなかったんです。野球が好きで、『野球をやりたい』と希望していたようでした。それがお姉さんのスケート教室についてきているうちに、自分でも滑るようになった。

お預かりした当日に、『オリンピックの選手になろうね』と声を掛けました。それは仙台のリンクがそういう環境であったのもあります。当時、本田や荒川静香らが、オリンピックを目指して、日々頑張っていました。羽生も末端ではありましたが、その一員だったのです。

それに指導しているうちに、才能があるのがわかりました。比較的すぐに、掛ける言葉も変わりました。『なろうね』から『（オリンピックで）頑張ろうね』に、です。それが、私たちの合言葉になりました」

しかし、都築の心中は、このときもう少し進んでいた。世界制覇を考えていたのである。つまり、羽生の才能はそれだけ際立っていた。干し草の中の針が、ちくんと刺したのだ。おそらく。

都築は、羽生を精神的にも肉体的にも強い子に育てようとする。まず、基礎を徹底的に教え込んだ。大人に匹敵するくらいの練習を要求した。ちょうど佐野稔のときと同じように、である。

「佐野のときもでしたが、羽生のときはなおさら、オリンピックチャンピオンにしたいと思いました。その思いを彼に託したのです。羽生は期待に応え、よくついてきてくれたと思います。

幼少期に、どんな環境で、どんな訓練を受けるかは非常に重要です。フィギュアスケートは基礎が大事なんです。そこがしっかりしていないと、絶対に上手くなりません。

羽生にはジャンプのテイクオフを、しつこいほどやらせました。将来、美しいジャンプを跳べるようにするためです。

ジャンプの指導、習得は、日本の方が優れていると思います。日本人は勤勉ですし、根気がある。失敗から学んで、成功につなげていく。継続する力を持っています。

一九七七年に、私は佐野に五種類の三回転ジャンプを跳ばせました。あれも継続の成果です。やって、やって、やり抜いて『もうこれ以上はできない』というところから生まれた。

芸術面については、ロシアから学んだものが大いに役に立っています。あの時分、日本は指導マニュアルも持っていませんでしたからね。羽生には、毎週末、自由に踊らせました。私がプレゼンテーションした『音楽アーツ』という時間で、です。

羽生の音楽と一体化したようなところは、天性のものです。音に対してはものすごく敏感でした。音に合わせて踊る、音を表現するというのが好きでした。だから、こちらはそういう環境を用意して、与えたのです。

体型、性格、感覚的なもの。彼にはフィギュアスケートに必要な条件がすべて備わっていたと思います」

継続と開拓。貫いてきた姿勢は、羽生によって実を結んだと言えよう。都築章一郎は、多くの優れた選手を育ててきた。それは間違いない。だけど、その中に、羽生結弦ほどの「子ども」はいなかった。これも、間違えようがないのだ。

羽生は小学三年生で、全日本ノービス選手権に優勝している。徐々に、こう口にするようになっていく。「やるからには、金メダルを目指したい」。負けん気の強さとプライドが感じられた。

私は思う。日本のフィギュアスケートにおいて、もっとも足りなかったのは、このプライドではなかったろうか。小学生が当たり前のように、金メダルを目指す状況こそ、都築が追い求めた夢ではなかったか。

日本は変わり始めていた。半端なく熱い指導者と、さほど目立つところのなかった地方の子どもが、意気揚々とタフな目標を掲げていた。

実際、羽生は昇っていく。中学二年生のときに全日本ジュニア選手権で優勝する。中学三年生では、世界ジュニア選手権優勝、高校一年生のときには、全日本選手権で四位という具合に、である。さらに、高校一年のシーズンには、四回転トゥループを跳んでいる。

都築は話す。

「私が、羽生のコーチだったのは小学六年生までと思われている方もいますが、そうではありません。職場の関係（仙台のリンクの閉鎖。二〇〇六年）で、私が横浜へ移ってからも続いておりました。

この間、基礎となる部分をすべて作りあげたと自負しています。仙台の頃から、将来の三回転アクセル、四回転が可能になるような指導をしておりました。

『挑戦をしなさい』とは、常に言っていました。『未知の世界に向かいなさい』とも言いました。羽生は賢い子でしたから、自分なりに解釈し、心に残してくれたのではないかと思っています。

それから、『芸術家になりなさい』とも言い続けました。いつか日本のフィギュアスケートにも芸術の時代がやってくる。それに対応できるような、美しいスケートが必要だと思いました。私は彼に、一スケーターで終わってほしくなかったのです。

練習は週末に行いました。羽生が横浜に通ってくるという形です。毎回、お母さまが同行されていました。リンク近くのホテルに宿泊されて。

佐野のご両親もそうでしたが、羽生のご両親も素晴らしかった。子どもを、しっかり支えていらした。成長のため、いろんな選択肢を与えてやりたいと考えていらした。その選択肢の一つが、私の存在だったのだと思います」

落ち着いた月日が流れた。羽生は、ソチオリンピックの代表候補に育っていた。順調に歩を進めていた。そして、二〇一一年三月一一日が来る。

未曾有の災害が、日本を襲った。

東北地方太平洋沖地震が起きた。

地震の規模はマグニチュード九・〇で、日本の観測史上最大規模だった。宮城県では、最大震度七が観測された。羽生結弦も、被災者になった。

都築の口調は重くなる。当然だ。あの地震は日本中を泣かせた。悲しまなかった日本人は、いない。当事者でなくても、酷い衝撃を受けた。痛みを抱えた。

都築は普段、羽生を名字で呼ぶ。「彼」とも言う。だけど、このときは「結弦」を多用した。それが、とても自然に聞こえた。

「羽生は仙台に強いこだわりを持っておりました。プライドでもあったと思います。それが壊されてしまった。どんなにつらかったか。私は、彼がスケートを止めてしまうのではないかと危惧していました」

だが、四月になって、一本の電話が入る。羽生家からだった。「横浜で練習をさせてもらえませんか」。その依頼を、都築はもちろん引き受ける。

「電話からひと月くらいで、羽生はこちらへ出てきました。ご両親も一緒でした。様子を見て、驚きました。

結弦は完全に打ちのめされていました。こんなに傷ついて、スケートを続けていけるのかと心配しました。無理じゃないかとも思いました。そのくらいのダメージでした。

再起に向けて、指導を始めたものの、半年くらいは悩みました。結弦に、どんなサポートをしてやれるのか。何がいちばん効果的なのか、それはかりを考えて過ごしました。

羽生は横浜で寝泊まりしながら、週末にはアイスショーに出演していました。外国の選手らに交ざって、全国を回る日々が癒やしになったのだろうと思います。

観客の皆さんに励ましていただき、スケートへの思いを少しずつ取り戻していきました。それでも、本当に徐々にという感じでした。

仙台が、結弦を支えていました。あのとき『絆』という言葉がありましたが、心の中で深く絆を結んでいたのではないでしょうか。仙台をとても愛していて、絶対に離れたくないと言っていました。

ただ、ご両親は将来について考えておいでした。仙台に残るか、新しい環境か、そういうことをです。

正式な相談を受けたのもこの頃です。今後の指導を、私と長久保先生に託したいという申し出でした。『二人で協力して、育ててほしい』と言っていただきました。

私もできれば、そうしたかった。育てていく自信もありました。ですが、練習環境が許してくれなかった。

日本に足りていないのは、いろんな要素を総合的に満たす環境です。羽生がオリンピックチャンピオンになるためには、整った環境が必要でした。

教えられる自信があっても、その子のためにならないのなら送り出す。そういう覚悟は必要です。良い選手を作ろうと思うとき、プライドは邪魔になります。どんなにつらくても捨てなければいけません」

だから、都築は、次のステップへの挑戦を提言した。世界に羽ばたくため、それが必要であると話した。羽生には、そのときが来ていたのだ。

「ご両親とはよく話し合いましたし、信頼もしていただいたと思っています。提言は、現在の羽生の姿を見れば間違っていなかったと思っています。少しですが、自負するものもあります」

都築と話していると、常に感じる。羽生結弦は、彼の誇りだ。大きな希望でもある。直接の師弟関係は終わっても、絆はきっちり結ばれている。ずっと変わらないだろう。

その後の羽生の動向、活躍は周知の通りだ。カナダに渡り、ブライアン・オーサー（一九六一年生まれ。一九八四年サラエボオリンピック、一九八八年カルガリーオリンピック男子シングルで銀メダル。一九八七年世界選手権優勝）に師事した。章の冒頭でも紹介したように、オリンピックを二連覇した。文字通りの快挙だ。そして、それは、都築の見続けた夢の完成形でもあった。

「ソチの金メダルも平昌の金メダルも、本当に嬉しいものでした。羽生には、何度も『ありがとう』と言いました。いくら感謝してもしきれない思いでいます。

コーチとして、オリンピックの金メダルほど欲しいものはありません。それを、私の教え子が、『オリンピックで頑張ろう』を合言葉にしていた子どもが、本当に獲ってくれた。フィギュアスケートに関わる人間として、これ以上の喜びはないと思います。私は幸せ者です。これまでのスケート人生でいちばんのことでした。

今、とても多くの皆さまが、羽生結弦の存在を喜んでくださっている。スケーターとしてだけではなく、羽生が発信する言葉、行動、状況をさまざまに喜んでくださっている。そういう存在に巡り会えた自分を幸せだと思うのです」

羽生が二度目の金メダルに輝いた日、私は取材で韓国にいた。夜になってから、日本にいる都築に電話をした。

彼は普段、あまり電話を好まない。「耳が遠いので」と聞いていた。それがどうだろう。弾むような声が、した。嬉しくて、嬉しくて。そんな声だった。

「今回は四回転のルッツ、ループを回避しての試合でした。確率の高い、安全なやり方を彼は選択しました。逆に言えば、それしかなかったのです。

あの戦い方は、怪我をした結弦の新しい挑戦でした。本来考えていた戦い方は、できなかった。夢は追いかけられなかった。本人にしてみれば葛藤があったと思いますよ。やりたかったこと（できうるすべてのジャンプを跳ぶ）がやれなかったのですから。

だけど、あれも立派な挑戦でした。怪我で試合に出られない中、調整をして、集中をして、ようやくオリンピックまでこぎ着けた。

結弦は、大人にならざるを得なかった。抑えてまとめる。何度も言いますが、選択肢は一つでした。たとえ、苦渋の選択だったとしても、勝つために、それがどうしても必要だったのです。

できることを一つ一つ積みあげて、彼は勝ちました。心から、ありがとうと言いたいです」

二連覇達成の快挙は、当たり前だが、状況を一変させた。羽生への尊敬は、さらに深くなった。そこかしこに溢れている。多くの人々にとって、彼の存在は純粋な喜びなのだ。

たとえば、羽生が敬愛するエフゲニー・プルシェンコの愛息アレクサンドル・プルシェンコ（二〇一三年生まれ）も、そうだ。「ユヅル」の美しいスケートに憧れている。

また、羽生を起点とするフィギュアスケートブームは、国内で爆発している。客席は常

サンクトペテルブルグでのエリザベータ・トゥクタミシェワの取材風景。リンク上での妖艶な雰囲気とは異なり、穏やかで笑顔がかわいらしい、年相応の女の子だった。質問の一つ一つにしっかりと、時には時間をかけて考えながら、真摯に向き合う姿が印象的。

に熱狂的に、愛を持って、選手たちを鼓舞する。世界中の選手たちが、日本のリンクで滑るのを心待ちにしている。まったく掛け値なしの話だ。

たとえばアレクセイ・ミーシンの教え子、ロシアのエリザベータ・トゥクタミシェワ(一九九六年生まれ。二〇一五年世界選手権優勝)からは、こんなふうに聞いた。

「日本のファンの方々には、いつも温かい応援をしていただきます。私も日本を愛していますので、相思相愛ですね。日本で演技するのが大好きなんです。

日本の皆さまが持っているプラスのエネルギーにはすさまじい力があります。氷上に出た瞬間、下手なスケーティングはできない、がっかりさせたくないと思います。それぐらい、観客の皆さまに助けられているのです。心を込めて見つめてくださることに、私はいつも、とても感謝しています」

こうした状況を一時的な現象にしてはならないと思う。ある意味、ここからが勝負だ。日本のフィギュアスケートを、文化に高められる機会が来ている。逃してはならない。

実際、羽生はそれを強く望み、公言している。「フィギュアスケートを文化にしたい」。そして、都築章一郎は考えている。「羽生結弦にならば、それができる」。

さて、ここで都築自身のオリンピックについて少し触れておこう。都築はコーチとして五回のオリンピックに参加している。

一九七六年インスブルック、一九八〇年レイクプラシッド、一九九二年アルベールビル、一九九四年リレハンメル、一九九八年長野がそうだ。さらに一九九一年から二〇〇一年まで、JOCの主任強化コーチも務めた。都築作成の資料によれば、名称はオリンピック強化対策コーチ、世界選手権専任コーチなどとなっている。

「オリンピックは四年に一度ですから、選手だけでなく、指導者にとっても大変大きな経験でした。努力と運が必要です」

都築の人生は、どこまでもフィギュアスケート一色で彩られる。八一歳になった現在も、そうだ。いささかも変わらない。

「リンクには、毎朝四時に来ます。四時半からトレーニングを始めて、五時五分から氷に四〇分乗って一五分休憩。それから、また氷上で指導をします。これが七時まで。昼間は一三時半から氷に乗って、そのまま二一時くらいまで滑っています」

この話を聞いたのは、東神奈川のアイスアリーナだった。昼の休み時間、都築は、併設するコンビニで温かいお茶を買っていた。

メモを取りながら、私は言う。

「ちょっと、あり得ないスケジュールですね」

都築は、小さく声をあげて笑った。

「そうですね、もう本当にあり得ないことをやっています。昔は、早くても朝の六時でした。リンクに来るのが。

でも、ここでは四時の時間帯しか練習時間が取れないんです。なので、一〇年前から同じ時間帯でやっています。起床は三時半で、就寝は一一時頃。スケート人生で、今がいちばんハードです。

私はだいたい一〇年サイクルで、オリンピック選手を育てているんですよ。職場が変わるたびに、ゼロからの出発になりますからね。で、先ほどお話ししたように、オリンピックにも五回。ゼロから育てるをこんなに繰り返しているのは、日本で私だけです。

自分で言うのもおかしいですが、本当にスケートにとりつかれていますよね。情熱だけで続けてきましたが、最近はちょっと疲れたりもします」

都築には、自分が「頑張ってきた」という思いはない。結果が出ないときに、「残念」と思ったことはある。それでも、悔いはない。一片も、ない。

「はい、ありません。好きなことに好きなだけ打ち込んできた人生でした。その分、家内には苦労を掛けました。家内が支えてくれたから、今の自分があると思っています。また、今日、リンクに立てているのは娘の協力があるからです。一緒に、子どもたちを育ててくれていることに感謝しています。

さまざまな経験を重ねてきましたが、やはり羽生が国民栄誉賞を頂戴するようなスケーターになってくれたことは、特別ですね。スケート界にとっても、非常に素晴らしいことでした。

私が羽生に出会えたのも、この仕事をしていたからです。もし途中で諦めていたら、そういう喜びもなかった。一途（いちず）に歩んできたからこそ、こういう形に結実したのかなと……。スケートと向き合って生きるのが私の役目、人生だったのだろうと思っています」

都築章一郎は、羽生結弦に「夢を追いかけろ」という言葉を掛けてきた。それは自身に課した戒めでもあったろう。

黎明期（れいめいき）で、夢の持ちにくい状況にあっても、彼は「世界一になる」を追いかけた。普通なら諦めてしまうような状況でも、歩を進めた。歩いた道は、「異端」の道だ。それでも、妥協はしなかった。

都築章一郎は、フィギュアスケートを愛していた。不屈の精神を持っていた。だから、夢は実現したのである。

「それでは、また」

長い、長い話を終えて、都築は分厚いコートを着る。帽子もかぶる。手袋をはめてから、リンクに向かう。氷上には、先生を待っている子どもたちがいる。彼は追いかけている。夢を今も。

都築章一郎　主な教え子たち

長久保裕　男子シングル＆ペア

一九四六年生まれ。男子シングル選手として一九六六年全日本ジュニア選手権優勝。ペア選手として一九六七〜一九七一年全日本選手権五連覇。一九七二年札幌オリンピック一六位。引退後は田村岳斗・本田武史・荒川静香・荒井万里絵・鈴木明子・無良崇人・山本草太などを指導。二〇一七年、コーチを退任。

長沢琴枝　女子シングル＆ペア

一九五〇年生まれ。一九六七〜一九七一年全日本選手権五連覇。一九七二年札幌オリンピック一六位。引退後は三宅星南（せな）・島田高志郎などを指導。

佐野稔　男子シングル

一九五五年生まれ。一九七二〜一九七六年全日本選手権五連覇。一九七六年インスブルックオリンピック九位。一九七七年世界選手権で三位となり、同大会で日本フィギュアスケート史上初のメダルを獲得。引退後はアイスショーに出演。現在は指導者およびテレビ等の解説者、日本フィギュアスケーティング・インストラクター協会理事長を務める。

五十嵐文男　男子シングル
一九五八年生まれ。一九七七、一九七九、一九八〇、一九八一年と全日本選手権四回優勝。一九八〇年レイクプラシッドオリンピック九位。一九八一年世界選手権四位。

渡辺しのぶ　女子シングル
一九七五年全日本選手権二位。一九七六年世界ジュニア選手権五位。引退後はアイスショーに出演し活躍。

無良隆志　男子シングル＆ペア
一九六〇年生まれ。男子シングル選手として一九七六年世界ジュニア選手権二位。一九八二年世界選手権一二位。一九八三年ユニバーシアード優勝。ペア選手として一九七九年、一九八〇年全日本選手権二連覇。一九八三年世界選手権一四位。引退後は無良崇人などを育成（崇人は息子）。

岡部由起(紀)子　女子シングル＆ペア
ペア選手として一九七九年全日本選手権優勝。一九八〇年世界選手権一二位。女子シングルとして一九八一年全日本選手権三位。現在は国際スケート連盟（ＩＳＵ）ジャッジ、ＩＳＵテクニカル・コントローラー、日本スケート連盟フィギュア部渉外部長を務める。

小山朋昭　男子シングル＆ペア

一九七一年生まれ。男子シングル選手として一九八六年、一九九〇年全日本ジュニア選手権優勝。ペア選手として一九九一年、一九九二年全日本選手権二連覇。一九九二年アルベールビルオリンピック一四位。

アレクセイ・ティホノフ　ペア

一九七一年生まれ。一九九四年全日本選手権優勝。一九九四年世界選手権一五位。その後ロシアに帰国し二〇〇〇年世界選手権優勝。二〇〇二年ソルトレイクシティオリンピック六位、二〇〇六年トリノオリンピック五位。

ユリス・ラズグリャエフ　アイスダンス

一九九五年、一九九六年全日本選手権二連覇。一九九六年世界選手権一六位。

都築奈加子　アイスダンス

一九七五年生まれ。一九九四〜一九九六年、一九九八〜二〇〇〇年と全日本選手権で三連覇を二回、合計六回優勝。一九九九年四大陸選手権六位。引退後は指導者となり、ＩＳＵテクニカルスペシャリストを務める。

リナート・ファルクットディノフ　アイスダンス

一九九八〜二〇〇〇年全日本選手権三連覇。二〇〇〇年世界選手権一八位。

井上怜奈　女子シングル&ペア

一九七六年生まれ。ペア選手として一九九一年、一九九二年全日本選手権二連覇。一九九二年アルベールビルオリンピックに日本代表で出場し一四位。女子シングル選手として一九九四年リレハンメルオリンピックに日本代表で出場し一八位。その後、渡米しふたたびペア選手となり二〇〇六年四大陸選手権優勝。二〇〇六年トリノオリンピックにアメリカ代表で出場し七位。

重松直樹　男子シングル

一九九三年世界ジュニア選手権二位。一九九四年全日本ジュニア選手権優勝。一九九五年世界選手権二三位。一九九九年全日本選手権三位。引退後は指導者として活動。

中村和（かず）　アイスダンス&男子シングル

アイスダンス選手として一九九三年NHK杯九位。一九九四年全日本選手権優勝。引退後は指導者として活動。

川崎由紀子　女子シングル＆ペア

女子シングル選手として一九九〇年世界ジュニア選手権一一位。ペア選手として一九九二年、一九九三年全日本選手権二連覇。一九九四年世界選手権一五位。

染矢慎二　男子シングル

一九七八年全日本選手権三位。一九八一年ユニバーシアード二位。一九八三年全日本選手権優勝。引退後は指導者として活動。

横谷花絵（よこやはなえ）　女子シングル

一九七八年生まれ。一九九五年全日本選手権優勝。一九九五年、一九九六年世界選手権一〇位。引退後は指導者として活動。

竹内洋輔（ようすけ）　男子シングル

一九七九年生まれ。一九九九年、二〇〇一年全日本選手権二回優勝。一九九九年世界ジュニア選手権三位。二〇〇二年ソルトレイクシティオリンピック二二位。現在は日本オリンピック委員会（ＪＯＣ）専任コーチを務める。

川口悠子　女子シングル＆ペア

一九八一年生まれ。女子シングル選手として一九九七年全日本ジュニア選手権三位。ペア選手として二〇〇一年世界ジュニア選手権二位。二〇〇一年、二〇〇二年全日本選手権二連覇。二〇〇六年にアレクサンドル・スミルノフとペアを組み、ロシア代表となる。二〇一〇年、二〇一五年ヨーロッパ選手権二回優勝。二〇一〇年バンクーバーオリンピック四位。

椎名千里　女子シングル

一九八二年生まれ。一九九八年ジュニアグランプリファイナル五位。一九九八年、一九九九年全日本ジュニア選手権二連覇。一九九九年全日本選手権優勝。

髙橋成美　ペア

一九九二年生まれ。二〇〇六年、二〇〇七年全日本ジュニア選手権二連覇。後にカナダ選手マーヴィン・トランとペアを組み、二〇一〇年ジュニアグランプリファイナル優勝、二〇一二年世界選手権三位。

羽生結弦　男子シングル

一九九四年生まれ。小学校から高校生時代にかけて指導。二〇一四年ソチオリンピック、二〇一八年平昌オリンピック二大会連続優勝、二〇一四年、二〇一七年世界選手権優勝など数多くの偉業を達成。現役選手。

川畑和愛（ともえ）　女子シングル
二〇〇二年生まれ。二〇一八年全日本ジュニア選手権三位。二〇一九年世界ジュニア選手権一二位。現役選手。

青木祐奈　女子シングル
二〇〇二年生まれ。二〇一四年全日本ノービス選手権優勝。二〇一五年アジアフィギュア杯ジュニアクラス優勝。二〇一八年全日本ジュニア選手権五位。現役選手。

主な参考文献

宇都宮直子『フィギュアスケートに懸ける人々　なぜ、いつから、日本は強くなったのか』小学館新書、二〇一〇年

宇都宮直子『日本フィギュアスケートの軌跡　伊藤みどりから羽生結弦まで』中央公論新社、二〇一七年

宇都宮直子『羽生結弦が生まれるまで　日本男子フィギュアスケート挑戦の歴史』集英社、二〇一八年

社団法人 日本スケート連盟編『日本のスケート発達史』ベースボール・マガジン社、一九八一年

取材協力／鈴木玲子

本扉・三・二五・七一・一二三・一六一頁撮影／熊谷　貫

宇都宮直子（うつのみや なおこ）

ノンフィクション作家、エッセイスト。医療、人物、教育、スポーツ、ペットと人間の関わりなど、幅広いジャンルで活動。フィギュアスケートの取材・執筆は二〇年以上におよび、スポーツ誌、文芸誌などでルポルタージュ、エッセイを発表している。『人間らしい死を迎えるために』『ペットと日本人』『別れの何が悲しいのですかと、三國連太郎は言った』『羽生結弦が生まれるまで　日本男子フィギュアスケート挑戦の歴史』『スケートは人生だ！』ほか多数。

羽生結弦を生んだ男　都築章一郎の道程　集英社新書一〇〇五N

二〇二〇年一月二二日　第一刷発行

著者……宇都宮直子
発行者……茨木政彦
発行所……株式会社集英社
東京都千代田区一ツ橋二-五-一〇　郵便番号一〇一-八〇五〇
電話　〇三-三二三〇-六三九一（編集部）
〇三-三二三〇-六〇八〇（読者係）
〇三-三二三〇-六三九三（販売部）書店専用

装幀……新井千佳子（MOTHER）
印刷所……凸版印刷株式会社
製本所……加藤製本株式会社
定価はカバーに表示してあります。

ISBN 978-4-08-721105-4 C0275　Printed in Japan

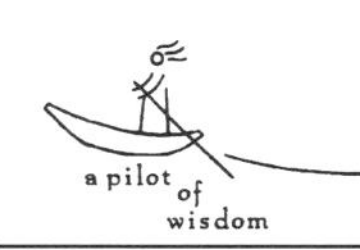

集英社新書　好評既刊

いま、なぜ魯迅か
佐高 信　0995-C
まじめで従順な人ばかりの国には「批判と抵抗の哲学」が必要だ。著者の思想的故郷を訪ねる思索の旅。

国家と記録 政府はなぜ公文書を隠すのか？
瀬畑 源　0996-A
歴史の記述に不可欠であり、国民共有の知的資源である公文書のあるべき管理体制を展望する。

ゲノム革命がはじまる　DNA全解析とクリスパーの衝撃
小林雅一　0997-G
ゲノム編集食品や生殖医療、環境問題など、さまざまな分野に波及するゲノム革命の光と影を論じる。

人生にとって挫折とは何か
下重暁子　0998-C
人生の終盤まで誰もが引きずりがちな挫折を克服し、人生の彩りへと昇華する、著者ならではの極上の哲学。

ジョコビッチはなぜサーブに時間をかけるのか
鈴木貴男　0999-H
現役プロテニス選手で名解説者でもある著者が、選手の「頭の中」まで理解できる観戦術を伝授する。

悪の脳科学
中野信子　1000-I
『笑ゥせぇるすまん』の喪黒福造を脳科学の視点で分析し、「人間の心のスキマ」を解き明かす！

「言葉」が暴走する時代の処世術
太田 光／山極寿一　1001-B
「伝える」ことより、そっと寄り添うことの方が大事！コミュニケーションが苦手なすべての人に贈る処方箋。

癒されぬアメリカ 先住民社会を生きる
鎌田 遵　1002-N 〈ノンフィクション〉
トランプ政権下で苦境に立たされるアメリカ先住民。交流から見えた、アメリカ社会の実相と悲哀とは。

レオナルド・ダ・ヴィンチ　ミラノ宮廷のエンターテイナー
斎藤泰弘　1003-F
軍事技術者、宮廷劇の演出家、そして画家として活躍したミラノ時代の二〇年間の光と影を描く。

性風俗シングルマザー　地方都市における女性と子どもの貧困
坂爪真吾　1004-B
性風俗店での無料法律相談所を実施する著者による、ルポルタージュと問題解決のための提言。